大夏书系 | 全国中小学班主任培训用书

班主任关键能力修炼

从入门到进阶

洪耀伟 著

华东师范大学出版社
·上海·

图书在版编目（CIP）数据

班主任关键能力修炼：从入门到进阶 / 洪耀伟著.
上海：华东师范大学出版社，2025. — ISBN 978-7-5760-5974-8

I. G451.6

中国国家版本馆 CIP 数据核字第 2025G3E683 号

大夏书系 | 全国中小学班主任培训用书

班主任关键能力修炼：从入门到进阶

著　　者	洪耀伟
策划编辑	杨　坤　薛菲菲
责任编辑	薛菲菲
责任校对	杨　坤
封面设计	奇文云海·设计顾问

出版发行	华东师范大学出版社
社　　址	上海市中山北路 3663 号　邮编 200062
网　　址	www.ecnupress.com.cn
电　　话	021-60821666　行政传真 021-62572105
客服电话	021-62865537
邮购电话	021-62869887
地　　址	上海市中山北路 3663 号华东师范大学校内先锋路口
网　　店	http://hdsdcbs.tmall.com/

印 刷 者	北京密兴印刷有限公司
开　　本	700×1000　16 开
印　　张	14.5
字　　数	214 千字
版　　次	2025 年 4 月第一版
印　　次	2025 年 4 月第一次
印　　数	6 100
书　　号	ISBN 978-7-5760-5974-8
定　　价	69.80 元

出版人	王　焰

（如发现本版图书有印订质量问题，请寄回本社市场部调换或电话 021-62865537 联系）

目录

序言　探寻班主任的引领艺术与成长之道　/001

理念篇
班主任带班育人的理念指引

第一节　理念确立：读懂学生，尊重差异　/003
　　一、石头上也能画画　/003
　　二、美术老师也能当班主任　/005
第二节　理念更新：悦纳学生，言传身教　/011
　　一、第一个市级先进班集体　/011
　　二、连续三年中途接班　/012
第三节　理念完善：与时俱进，教学相长　/023
　　一、妙用"班级圈"　/023
　　二、班级"云管理"　/026

> 成长篇
> 班主任带班育人的实施途径

第一节 环境育人：建设富有韵味的教室文化 /037
　　一、教室环境布置，遵循基本规律 /038
　　二、教室环境布置，运用美学常识 /049
　　三、教室环境布置，凸显主题风格 /053

第二节 学科育人：构建以美润德的教育生态 /059
　　一、把"美"的种子播撒在学生的心田 /059
　　二、在"美"中形成自信心和自主性 /061
　　三、以"美"为抓手开展班级德育 /062
　　四、将"美"融汇到生命教育中 /065

第三节 活动育人：让学生在活动中健康成长 /070
　　一、顶层设计，解锁学生的成长密码 /070
　　二、校园活动，点燃学生的激情之火 /072
　　三、社会实践，让学生在体验中成长 /076

第四节 协同育人：构筑家校社合力育人之桥 /083
　　一、联手任课教师，开展协同育人 /083
　　二、争取家长合作，开展联合育人 /085
　　三、关注特殊家庭，开展科学育人 /093

提升篇
班主任带班育人的专业精进

第一节　育人故事：提升育人过程中的教育觉察力　/101
　　一、什么是育人故事　/101
　　二、育人故事有哪些要求　/101
　　三、好的育人故事有哪些特征　/102
　　四、怎样写好育人故事　/102
　　五、怎样讲好育人故事　/103

第二节　带班育人方略：展现集体教育的系统思考　/111
　　一、什么是带班育人方略　/111
　　二、带班育人方略的作用是什么　/112
　　三、带班育人方略是过去式还是现在式　/112
　　四、带班育人方略要遵循哪些原则　/113
　　五、如何写好带班育人方略　/113

第三节　主题班会：体现铸魂育人的综合能力　/125
　　一、什么是主题班会　/125
　　二、主题班会有哪些要求　/125
　　三、主题班会有哪些评价标准　/126
　　四、如何设计好主题班会方案　/128
　　五、如何开展不同形式的主题班会　/152

进阶篇　班主任从带班育人到领航学习共同体

第一节　凝心聚力：打造团队特色文化和工作机制　/163
　　　一、制定规划，激发班主任专业化发展的内驱力　/164
　　　二、凝聚力量，打造温馨、和谐的工作室团队文化　/166

第二节　共营成长：探索多元研修形式和建设路径　/182
　　　一、让工作室成为多元学习的殿堂　/182
　　　二、让工作室成为行动研究的阵地　/186
　　　三、让工作室成为辐射引领的磁场　/189

参考文献　/221

序言　　探寻班主任的引领艺术与成长之道

人根据悟性可分为四种：第一种是"生而知之"的人，第二种是"学而知之"的人，第三种是"困而知之"的人，第四种是"困而不学"的人。我认为，第三种人占多数，他们因工作和生活中的困惑而不停地思索、学习，最终探索出事物的本质，总结出解决问题的方法。

当前，中小学班主任工作面临许多新问题、新挑战。经济社会的深刻变化、教育改革的不断深化、中小学生成长的新特点、家长对优质教育的渴求等，都对中小学班主任工作提出了更多、更高的要求。因此，不少教师不愿做班主任，是当下很多学校无法回避的现实。

于是，便有一群"困而知之"的人，他们面对教育困境，分析问题、追根溯源、制定策略，直到发现教育的真谛，追求真善美的境界。洪耀伟老师便是其中极具代表性的一位班主任。他连续20多年担任班主任工作，改变了美术老师难以成为优秀班主任的固化观念；他积累了丰富、深厚的实战经验，坚定地执行"活动即课程"的先进理念，发挥了班主任名师工作室的辐射效应，为校内校外的班主任树立了"爱在教坛，情系学生"的育人榜样。

如今，洪耀伟老师送来了他的新作《班主任关键能力修炼》，嘱我作序，让我有了提前研读书稿、深入了解他的机会。

洪老师在上海市闵行区浦江一中的班主任岗位上坚守了20多年，在首届长三角地区中小学班主任基本功大赛中折桂，获得全国优秀教师等20余项荣誉，连续三期担任上海市班主任带头人工作室主持人，是一位德育特级教师、正高级教师。洪老师能取得这些成功，秘诀是什么呢？

首先，理论引领，提升理念。从"实践—反思—改进"转变为"理念—实践—进阶"，这个路径不仅是洪耀伟老师班主任工作方式的成功转型之路，也是他成长为专家型人才的必由之路。在这条路上，科研论文是他对德育工作的新思考与对生活实践的认知、体验和归纳；课题研究报告是他将理论应用于实践，对德育进行新探索的回顾与总结；案例分析是他面对德育实践中的新问题进行的深入剖析与深刻反思；同伴案例则是他拓宽视野，汲取经验，借用他山之石解专业困惑的有效途径。他还针对德育的热点和难点问题作了深入探讨，其中既有对学生进行民族精神教育和生命教育全方位的设计与思索，也有对学生行为习惯养成的调研与对策，还有对校本德育课程的开发与利用等。这些研究成果内容丰富生动，论述有理有据，问题分析透彻，方法策略切实可行，给人以很大的启发。

其次，实践研究，升华经验。要做好班主任，还需要用科学的态度对真实问题进行持续的探索。现在很多班主任都有很强的责任感，每天早到晚走，不放心班级，不放心学生，持续用"盯、关、跟"的方法管理学生，而一直被老师过度保护着的学生，往往会缺少自主、自律、自学等品质，一旦离开老师的视野，就会尽情释放自我，出现老师在与不在两个样的现象。面对这样的现象，洪老师通过不断探索和认真反思、总结，形成了"建设韵味教室文化，构建润德教育生态"的教育理念。在实践中，他充分发挥自己作为美术老师的优势，洞悉环境育人的价值，把美化班级的事务分门别类，把班级学生组成对应的管理团队，职、责、权明确，每一个团队成员都对自己的岗位尽心尽责，真正形成"人人有事做，事事有人做"的班级自主管理新样态。他深知一个特殊孩子的背后肯定有一个特殊的家庭，为了将"特殊"转化为"平常"，他通过归因分析，制定教育对策，每一次家访都是带着"攻略"前往，每一次家长会都会详细制订方案，每一次主题班会都精心设计策划。所有这些在班级管理和班集体建设中遇到的问题都在洪老师的这本著作中有所体现。相信班主任们一定能从中读出感悟，读出启迪，读出智慧。

最后，团队合作，共同提高。洪耀伟老师担任上海市班主任带头人工作室主持人后，着眼于提升学员的专业素养，以专题研修提高科研能力，以聚焦课堂共享育人智慧。他的指导认真、细致、深入，尽心、诚心、恒心，对每位学员的思想、工作、学习、科研、生活状况都了如指掌，同时还针对每位学员的特点给予个性化指导，挖掘他们的潜力，引导他们自我审视，激发内驱力，明确发展方向。他尤其注重学员之间的交流、问题的研讨，将个体的学习体验与实践经验转化生成团队的学习资源，使其在思想碰撞中提升育人智慧和教育情怀。在他的影响下，工作室形成了一种紧张、快乐、互助、友爱的和谐氛围。在这种精神成长的熏陶与对话中，每位学员都获得了长足的发展。我相信，这些经历在他们的一生中将会留下永恒的印迹，助力他们在前行的道路上，步伐更坚定、从容，对于班主任工作也会更热爱，更有真知灼见。

读完洪老师的这本新作，掩卷沉思，耳畔不由地响起《我心是海洋》这首歌：

有一种光亮，小小的，却能为人指引方向；
有一种力量，微微的，却能使人变得坚强。
有一种歌唱，轻轻的，却能使人打开心房；
有一种爱啊，淡淡的，却能给人无限希望……

上海市闵行区浦江第一中学校长　陈耀忠
2025 年 1 月

— 理念篇 —

班主任带班育人的理念指引

在教育的漫漫征程中，班主任扮演着至关重要的角色，而一套科学且温暖的带班育人理念则是引领航程的灯塔。从理念确立到更新，再到完善与升华，每一步都至关重要，深刻影响着教育的成效与学生的成长。

教育理念的确立是班主任工作的基石。只有确立正确的教育理念，关注学生的个体差异，因材施教，才能发现每个学生的闪光点，为他们的成长奠定坚实的基础。随着教育实践的深入，理念更新成为必然。理念更新能够让班主任适应不同的教育情境，不断探索新的教育方法，帮助学生克服困难，实现成长蜕变。理念完善是在日常班级管理中进一步深化教育理念。理念升华则是班主任教育理念的更高层次追求，它超越了个体班级的管理，上升到对教育本质和社会价值的深刻理解，能让班主任以更广阔的视野和更深刻的思考，引领学生走向更美好的未来，为社会培养有担当、有责任感的公民。

第一节

理念确立：读懂学生，尊重差异

一、石头上也能画画

几年前的一个五一假期，我和家人来到上海黄浦江边的一个小公园游玩。当时公园里恰好在铺路，路的两边零散地堆着一些鹅卵石。临走的时候，女儿捡了好几块。见她爱不释手，我忙问："这些石头很普通啊，你捡来准备做什么呢？"没想到女儿对我说："爸爸，你是美术老师，你有没有想过在这些石头上画画啊？我要带回家试试！"我吃了一惊，忙夸奖她有创意，对在石头上画画也开始期待了起来。回到家，我们便迫不及待地进行了实践。在我们一家人的描绘下，那些原本不起眼的小石头变成了一幅幅精美的石头画：我画的是深蓝的夜空下，皎洁的月光和一棵大树交相辉映，让人感到夜的宁静与美好；孩子妈妈画的是一家人在海滩边观看日出，场面温馨，让人感受到了家的温暖；女儿画的则是一只可爱的小企鹅。她说，看到

我和家人创作的石头画

这颗石头就想到了海洋水族馆里可爱的企鹅。那天,看着这些作品,我们一家人都很开心,成就感满满。

从那之后,我和女儿爱上了给石头画画。我们经常利用寒暑假和课余时间创作一些石头画。那个学期,我刚好任教七年级。当时我想,如果在七年级的美术课中增设有关石头画的拓展课内容,说不定学生也会很喜欢。果然,同学们兴趣盎然。我鼓励他们到处收集小石头,他们也在石头上创作出了许多精美的作品。

学生创作的石头画

这些由同学们创作的五彩斑斓的石头画,让我忽然联想到了我们的教育以及班主任工作。我们教的每一个学生,不也正像一块块形状各异、质地不同、各具特点的"石头"吗?如果想把他们变成精美的"艺术品",就需要用心描绘、用爱刻画,把尊重人、理解人、爱护人和发展人的理念贯穿于教育教学的全过程,让"石头"也能"生花"!

> **班主任心语**
>
> 苏霍姆林斯基认为:"每一个儿童身上都蕴藏着某些尚未萌芽的素质。这些素质就像火花,要点燃它,就需要火星……教育最最重要的任务之一,

> 就是不要让任何一颗心灵里的火药未被点燃,而要使一切天赋和才能都最充分地发挥出来。"班主任应当相信、尊重学生,善于发现学生的闪光点,用热情、爱心浇灌学生的心灵,并采取有针对性的教育。在这样的关怀与指导下,学生才会茁壮成长,不断追求卓越与进步。

二、美术老师也能当班主任

初当班主任的情景至今仍历历在目。记得当时暑假刚过,学校的德育领导找到我,问我是否可以做班主任。当时我传统观念根深蒂固,认为班主任应由语数外学科的老师担任,忙推辞道:"我只是一名美术老师啊,怎么能当得了班主任?"没想到领导鼓励我:"你和学生的关系很好,一定能行!"听后我便没有再推托,欣然应允。我想,非工具学科教师担任班主任固然有许多短板,但同时也有其独特的优势。我可以将自己的专业特长与班集体建设相结合,以美导航,以美育德,来赢得学生和家长的认可。

学校交给我的是九年级的一个"分流班"——8班。所谓"分流班",就是把一些学习困难、行规意识薄弱的学生抽出来,组成一个新班级。开弓没有回头箭,我立即"走马上任"了。

作为班主任"小白",第一个月我就败下阵来。班级纪律混乱,学生课堂上不听讲、回家不做作业,学习成绩就更不用提了。面对班级存在的状况,我有些束手无策。后来实在没办法,索性把自己的办公桌搬到教室后排,一有空,就坐在教室后面盯着。那时,网吧刚刚兴起,班里不少男生沉迷其中,部分男生甚至在网吧打游戏彻夜不归,我陪着家长半夜找孩子都是常事儿。那段时间我经常失眠,整个人的状态也不好。

经过每天的"盯、关、跟",班级纪律逐渐趋于稳定,但学生的学习成绩依然上不去。后来我发现,班里有不少学生虽然成绩比较薄弱,但是对美术很感兴趣。经过与学校领导商议，我决定利用自己的学科特长尝试创建特色班级。我利用课余时间辅导学生学习美术，练习基本功。毕业时，我班虽然没有一个学生考进高中，但有十余名学生考进了上海嘉定工艺美术学校、上海市华山美术职业学校、上海市逸夫职业学校等专业美术学校。三年后，有的学生还参加了"三校生"联考，顺利升入美术学院或其他高校继续深造。

这段短暂的经历让我懂得：有的孩子经过努力，可能成绩仍然比较薄弱，但细心观察，就会发现他们在某些方面也有自己的特长，比如有的体育很棒，有的很有绘画才能，有的朗诵很有感染力，有的颇具舞蹈天赋……作为班主任，我们要给孩子们搭建合适的平台，创造一切可能的机会，让他们通过展示自己，重拾自信，从而扬起生命的风帆，到达成功的彼岸。我也要感谢这段经历，感谢这些孩子，是他们让我认识到，作为一名老师、一名班主任，必须转变观念，树立正确的教育观和儿童观，才能为学生的健康成长保驾护航！

当年的毕业典礼中有一个给班主任送小礼物表达感恩的环节。当时，大多数班级准备的礼物都是一个笔记本或者一支钢笔，而我们班的学生却背着我每人凑了10元钱，到上海市区的襄阳路服装批发市场给我买了好几套衣服。因为他们认为我作为美术老师，穿着应该是全校最潮、最帅的那一个。毕业典礼当天，其他班的班主任们大多泪眼婆娑，依依不舍，而我心里却有种莫名的轻松感。我想：终于要解脱了，终于不用每天和这群孩子"斗智斗勇"了！但是到了送毕业小礼物环节，班长拿着事先准备好的礼物上了台，当班长抱住我的那一刻，一年来积压的情绪瞬间崩塌，我的泪水倾泻而出，在台上哭得像个孩子，不能自已。坐在第一排的校领导们也情不自禁地落了泪。一位校领导说："洪老师，你们班的孩子很懂事，这一年，值了！"打开孩子们给我买的礼物，我哑然失笑，因为孩子们送的衣服太时尚了，有的膝盖上挖了洞，有的肩膀上缀挂着装饰物……不太符合老师的身份，所以我一次也没敢穿出来，但我却像对待宝贝一样将它们珍藏了起来。

那年暑假，区教育局给了学校几个到福建武夷山疗休养的名额。也许学校是为了鼓励我,也许是觉得我带了一年毕业班很辛苦,就将其中的一个名额给了我。临出发前,校长拍着我的肩膀说:"好好疗养,下学期继续担任班主任!"就这样,我走上了班主任带班育人之路,一干就是20余年!

班主任心语

"天行健,君子以自强不息。"要做有韧性的班主任,就要始终秉持"不服输"的工作态度和坚定的信念,积极应对所遇到的各种压力和挑战,相信自己可以感召学生的心灵。享受教育的过程,才能体验到育人工作的成就感和幸福感。正视自身班主任工作中的痛点和难点,坚持自我探索,善于不断改进,就会遇到更专业的自己。

附

我和小S的故事

新学期开学不久,坐在后排角落里的一个小男孩(以下称"小S")引起了我的注意,因为他很"与众不同"——性格较内向、孤僻,天马行空,独来独往,不与老师和同学交流。就连我这个班主任任教的美术课,他也不听课,不交作业,课上自顾自地埋头涂鸦。

有一天上课,趁着其他孩子练习作画的时候,我悄悄来到小S的身边。他依旧全神贯注地涂抹着什么。我走近一看,原来他正在临摹一组《三国演义》中的人物画像,画得还有模有样,特别是人物的形象和动态,画得很传神。看到小S有绘画的功底,我想到通过"房树人"这个心理学上非常著名的测试,了解他的心理状态,探测他的人格特征,以便有的放矢地教育、引导和帮助他。

通过测试,我发现小S的确是个自卑、胆怯、孤僻、不合群的孩子。从理论上我寻找到了工作的依据和方向。

于是，我陆续走访了小 S 的父母和他的小学老师，了解他的家庭情况及小学时的表现，同时也确认了小 S 是个极具绘画天赋并富有想象力的孩子。接下来，我一方面翻阅了大量的心理矫治方面的书籍，同时请教相关的心理老师，从心理辅导方面对他进行辅导矫正；另一方面，带领他学习美术，凸显特长，体验成功，帮助他找回自信。

一次课间休息时，我把小 S 请到办公室，翻出几张珍藏的《水浒传》人物绣像，对他说："这几张画你喜欢吗？老师送给你，比较适合临摹。要知道，学习画画，临摹是一个重要阶段。除了临摹，还要掌握一定的美术基础，那就需要你在美术课上专心听讲，行吗？"他欣喜地接过画稿，使劲地点点头。

接下来的一段时间，小 S 的表现给了我一个大大的惊喜。他一改常态，开始认真听我的课了。后来，我在他的作业上写了一段批语："小 S，你很棒！如果你能坚持认真学画，我相信你一定能'画有成效'。选择一条适合自己走的路，让我们一起努力，不离不弃！"

为了巩固小 S 的进步，我常常去他家家访，和他的父母沟通他的近况，表扬他的转变。在家长会上，在众多家长的面前，我展示了小 S 的绘画作品，希望给他父母带来希望。后来，小 S 渐渐变了，甚至可以说是脱胎换骨。他被同学们选为美术课代表，参加了美术兴趣小组，我也经常和他一起讨论画画的有关问题。通过一个阶段的努力，小 S 的绘画水平有了显著进步，其他各门功课也有不同程度的提高。小 S 的学习自信心更足了，人也变得开朗起来，还积极参加班上组织的各项社会实践活动。

俗话说，"功夫不负有心人"。小 S 最终以优异的专业成绩考进了艺术中专。教师节那天，我收到他寄来的精美贺卡，上面有他亲手绘制的图案和真诚的话语："老师，您辛苦了，谢谢您为我点亮了希望的心灯！"我再次感受到苏霍姆林斯基那句话的魅力——"教育是人与人心灵上的最微妙的相互接触"。

在多年的带班过程中，我经常关注像小 S 这一类的学生。他们的学习成绩往往不太理想，但在绘画或其他某个方面却很有潜力。出于班主任的责任心，我特别注意因材施教——引导这类学生，表扬他们的每一点进步。在转变这类学生的实践中，我得到了无法量化的收获与启示：孩子们在学习中，学到的不仅仅是知识、才艺,更重要的是他们树立了"天生我材必有用"的自信。每个人都有各自的特长,充分发挥和培育他们的特长,就能帮助他们走上成功的道路!

如何系统地转化自卑、后进的学生呢?我结合自己长期的实践,在认真地思考后,总结出了一些方法和对策。

一是用眼观察。班主任要切实地从学生的实际情况出发,真正找到问题的症结所在,并能从平时的观察和走访中,了解学生的特长或准特长,帮助学生找到"最近发展区"和未来发展方向,让他们从心理上有足够的勇气走出自卑。

二是特长征服。以我为例。我擅长绘画,这方面的特长比较容易让学生信服,容易拉近师生间的关系,也更容易走进学生的心灵。通过辅导学生绘画,拉近师生的心灵距离,不仅为他们打好学业基础,更为他们的进步打好思想基础,让学生在每天的生活中获得存在感和被认同感,从而真正做到"亲其师,信其道"。

三是用心关注。要关注学生的心理变化,多阅读与青春期孩子相关的书籍,从理论上真正找到所有方法措施的依据,而不是随心而为。结合平时自己的观察和思考,尽可能多地得到学生家长和任课教师的信息资源和精神支持。遵循全方位、多角度的协同育人原则,循序渐进地开展学生转化工作。

四是活动育人。班主任要多开展学生感兴趣的活动。如果是像小S这样的学生,可以带他们到书城、画廊和美术馆去参观学习,组织他们参加区、市艺术节和各类美术比赛。如果是擅长踢球的孩子,不妨陪他们一起看场世界杯足球赛,聊聊罗纳尔多等球星,或者是为他们举办一场班级之间的足球友谊赛等。日常多举行一些放松心情的娱乐、游学等活动,一起踏青,一起游戏……在活动中,提升学生的自信心和存在感,增进师生的感情,让班主任的工作入心、入情、入理,促进学生转化工作的顺利开展。

只要我们相信孩子,给他们真诚的帮助和陪伴,呵护他们的自信心和成就感,不断地跟他们沟通交流,不失时机地鼓励、表扬,让他们在集体活动中有展示自己的机会并获得幸福感,我想,我们一定可以帮助自卑的孩子走出心理阴影,更积极、阳光地投入到学习和生活中。正如陶行知先生所说:"处处是创造之地，天天是创造之时，人人是创造之人"。

有些教师只喜欢成绩好、听话的学生，不喜欢成绩差、"忤逆"老师的学生。殊不知，许多学生的缺点并不是与生俱来的，只是由于过去一些客观因素，削弱了他们的意志，影响了他们的自信。这些客观因素包括教育者对他们的思想教育不及时、教育方法不适宜，或者简单粗暴地批评、指责等。"尺有所短，寸有所长"，学困生也有闪光点，只要把握每个孩子的特点，因材施教，每颗星星都能发光。学困生更需要教师的关爱和鼓励，教师的一个关注的眼神、一束鼓励的目光、一句肯定的表扬，也许就会起到不可估量的作用，使他们扬起前进的风帆，到达成功的彼岸。

第二节

理念更新：悦纳学生，言传身教

一、第一个市级先进班集体

新学期开学，学校让我担任起始年级（即六年级）的班主任。第一次开家长会，家长们便当场议论纷纷。有的家长说："美术老师带班，语数外学习怎么抓？班主任搞得定吗？"还有的家长说："我的孩子小学很优秀的，怎么分到了一个美术老师做班主任的班级？我们要调班！"家长会变成了吐槽会。当时的我很委屈，第一次家长会就这样在家长们的议论声中草草结束了。那晚我像个泄了气的皮球一样躺在床上彻夜难眠，家长们刺耳的话语一直萦绕在耳畔。但我又想起了刚毕业的那个班级，那么困难的班级，我都坚持带下来了，现在我更没有理由退缩，我一定可以！

说行动就行动。第二天开始，我白天上课，晚上家访。我用了近一个月的时间，走访了全班40多名学生的家庭。我和家长们进行了积极的沟通，告诉他们我的"教育理念"。其实对于工作不久的我来说，哪有什么教育理念，只不过是满腔的热情和年轻气盛罢了。我重点走访了那些要求调班级的家庭，告诉家长，开学已经一个多月了，现在如果调换班级，孩子可能会不适应，如果到了期末还是想调班级，我来全权负责这件事。经过努力，换班风波逐渐平息了，班级工作也逐渐走向正轨。我尽力协助家长和任课教师，一起带领孩子们努力向前。在期末考试后的家长会上，我私下询问当初要调换班级的家长是否还需要换班级，家长不好意思地说："我们觉得在这个班级也挺好的，孩子也很适应。"家长的这些话让我悬着的心终于放了下来，也让我坚定了带好这个班级的信心。在家长的支持、配合下，在学生和任课教师共同的努力下，我带的班级得到了较好的发展，到八年级，我们班荣幸地被区教育局推选，成为代表该区参加上海市市级"红旗中队"评选的三个候选班级之一，并最终斩获这一殊荣。这是当年我们学校成立50多年来获得的第一个市级先进班集体。拿到那块奖牌时，我和学生们相拥而泣。

班主任心语

职初期班主任首先应具备的特质是什么？热情、真诚、冷静。在没有经验的前提下，班主任要用心观察，积极引导，努力呵护学生稚嫩纯净的心灵，自己对工作的热情会点燃学生内心深处成长的渴望。职初期班主任或许还没掌握太多的育人技巧，此时保持真诚，传递善意、期望、信任等，是班主任工作不断产生效能的关键。遇到问题冷静处理，不感情用事，努力做学生的良师益友，充分体现班主任是引导者和合作者的角色。

二、连续三年中途接班

2019年6月底，校领导突然找我谈话，希望我下学期接手同年级另外一个薄弱班级。这个班级在年级中是出了名的"问题班"——已经调换了两任班主任，任课教师也多次更换。在谈话现场，我很纠结，也很犹豫，因为我也是一名普通班主任，距离学生毕业还有不到一年的时间，这个班级能被我转变吗？我真的很没有把握，但想到学校有困难，而自己作为学校一员，有必要也有责任去承担这个重任。我当即对领导说："我试试吧，我尽全力，但真不能保证结果。"就这样，我离开了带了三年的班级，在初中最后一年接手了这个新班级。

当时，我还兼任上海市第四期班主任带头人工作室主持人，所以特别忙碌。学校也理解我，安排了一位青年教师小李老师担任副班主任，和我一起带这个班级。接班一个月，我发现这个班级的管理难度超乎预期，感到有些迷茫。怎么办？寻找突破口！

学校每年9月底有个固定的节日——校园体育节。在体育节开幕式的入场式上，每个班级都要亮相比拼，入场式有口号、队列，途经主席台时还有1分钟的班级风采展示，学校最终评选出最佳创意奖。另外，体育节上还设有广播操比赛、趣味运动、田径比赛等项目。我何不借这次活动来提升学生的信心，增强班级凝聚力和学生的归属感呢？我找来班委，围绕体育节和入场式听听他们的想法。班长说："老师，你知道我们为什么前几届体育节入场式都没获奖吗？因为很多班级都有自己的班服，而我们却没有。今年是初中的最后一次入场式，我们班的同学们都特别想拥有一套属于自己的班服。"我说："当然可以，我支持你们，你们都是大孩子了，这次我把入场式的班服选择和创意设计都交给你们，你们抽空先听听同学们的建议，然后也上网搜索看看，当然也可以自主设计，然后把确定好的方案告诉我。"

第二天一大早，班长就兴冲冲地来找我："老师，我们讨论得差不多了，服装也看好了，创意也有眉目了。"我说："你们太能干了，快说说你们的创意。"班长说："我们班计划在这次入场式上玩服装秀——cosplay！"我问："怎么玩？"班长说："到时候你扮演皇帝，穿一套皇帝的衣服。"我乐了："那你们呢？"班长神秘地说："所有女生扮演妃子，所有男生扮演各级大臣。"听了班长的话，我大笑："皇帝我演不了。不过你们这个创意很棒，就是有点不太适合我们初中生。你们看这样行不行，班服和入场式创意可以简洁一些。如果你们相信老师，我用美术的专业眼光和你们一起讨论、确定班服和入场式创意。虽然我不太懂你们喜欢的二次元文化，也不大理解你们所喜欢的网络热词，但咱们已经上九年级了，需要正能量，需要团结，需要拧成一股绳！简单就是美，咱们的班服也简洁一些，每个人都想一句自己喜欢的正能量的网络热词鼓励自己。"孩子们最后采纳了我的建议，班服效果也得到了肯定和赞同。

考虑到入场式时班主任需走在班级队伍的最前面,为统一观感,我和小李老师也定了同款班服。因为我们班是4班,上面便印了"我爱4班"的字样。彩排时,我正带着班级队伍往前走,之前带的班级的几个孩子挡在队伍前调皮地说:"老师,不现实啊,你带我们班三年都没有爱上我们班,你带4班一个月就已经爱上4班了……"我开玩笑地回答:"这次你们原谅我,我考虑不周,下次再搞活动,我在衣服背面印上'我爱8班'……"孩子们哄笑着跑开了。

体育节入场式彩排

到了第二天的入场式,我们班在主席台前精彩的表现,给台上的校领导和老师留下了深刻的印象,他们起立为班级喝彩鼓掌。有老师问我:"洪老师,你和小李老师有什么魔法?孩子们这一个月的变化太大了,他们现在自信又阳光!"我微笑着说:"魔法没有,但作为班主任,新接班首先要做的就是'点燃'孩子们!点燃他们的自信心,点燃他们的激情,点燃他们的热爱!"

运动会的入场式我们班名列前茅,荣获最佳创意奖,被誉为"最美入场式"。更让我感动的是,那次体育节,我们班学生几乎包揽了所有集体项目的奖项,广播操更是破天荒地获得了年级第三名的好成绩。一位青年班主任问:"洪老师,你们班的广播操是怎么做到在短短一个月不到的时间就获奖的?"其实我也没做什么,只是在开学初体育节动员会上告诉孩子们:"这是初中阶段最后一次广播操比赛了,更是一次展示班级风采的机会,比赛获不获奖并不重要,重要的是要把班级的精气神展现出来。"

在之后的课间操上,我也没有纠正学生做操的动作,而是站在班级队伍最后面,和他们一起做操。体转运动时,学生转过身后会看到我和他们一起

体育节班级获得的集体奖项

认真做操的身影。开始他们很惊讶,后来他们习惯了我和他们一起做课间操,也就更加认真了。我们常说德育无痕,教育要言传身教,但我认为,身教重于言教。

经过我、小李老师、学生、家长以及各任课教师的共同努力和协作,在不到一年的时间里,班级取得了长足的进步,升学考试成绩也大幅提高。期末总结表彰会上,学校给我颁发了一座奖杯——"特别贡献奖"。我想,这座奖杯不仅属于我个人,更属于这一年一起努力的每一位老师、家长和孩子。奖杯刚领到手,学校就通知我,下学期继续留在毕业班。于是,我又带了一年毕业班。带完毕业班,又接手了一个七年级班级。就这样,我连续三个学年中途接班,其中的滋味真可谓"守得云开见月明"。

班主任心语

有部电影叫《放牛班的春天》。在班主任职业生涯中,或许很多班主任都有临危受命做"特殊班级"班主任的经历。如何让每一个"放牛班"都迎来春天呢?激励,抓住契机,点燃学生的自信。精心组织每一次活动,用心倾听学生的心声,不断激发学生的潜力,告诉学生:你能行!你可以!给学生提供恰当的指导、自主的空间,让学生感到自己被重视、被认可。班主任积极的反馈会促使学生不断面对挑战,克服困难,实现目标。

附

尊重，让生命自然舒展

世界上没有两片完全相同的叶子，每个孩子都是独一无二的。教育者要看见"每一个"，针对不同特质的孩子，尊重是第一要义。尊重差异，挖掘潜能，最终才能实现孩子的自我更新和幸福成长。让我们从生活中的点滴入手，做孩子的良师益友，潜移默化，润泽心灵，点化生命。这个过程很漫长，需要我们一起学习，带着温情、爱和智慧，静待花开。

今天，我将围绕"生活融教育""陪伴促成长""家校社齐助力"这几个方面进行分享，用尊重理解、陪伴激励，助力孩子快乐成长。让我们共同探索如何让一个个活泼泼的生命体实现幸福成长！

生活融教育

先给大家分享一个小故事。几年前的一天，我带女儿去黄浦江边的一个小公园玩。临走的时候，女儿捡了好几块路边零散堆着的鹅卵石。我觉得很奇怪，就问她："这些石头很普通啊，你捡来准备做什么呢？"没想到女儿却对我说："爸爸，你是美术老师，你有没有想过在这些石头上画画啊？我要带回家试试！"我忙夸奖她有创意，同时，也对在石头上画画期待了起来。回到家，我们便迫不及待地进行了实践。第一幅是我用水粉颜料画的，大约用了10分钟。画完后我觉得整体效果很不错。接着，女儿和家人也积极参与进来。那天，我们乐此不疲，画了不少石头画。

那次画石头让我很有感触：我们的孩子不就像一块块形状各异、质地不同、各具特点的"石头"吗？如果要把他们从一块块普通的"石头"变成一件件精美的"艺术品"，就要尊重每个孩子的生命，接受孩子们本来的样貌，尊重和理解他们的不同，依据他们各自的特点用心描绘、用爱刻画！我国著名教育家陶行知先生提出，教育的根本意义是生活之变化。生活无时不变，即生活无时不含有教育的意义。因此，我们可以说："生活即教育"。教育源于生活，教育需要生活，教育为了生活。生活中有很多这样的瞬间，既是我们值得深思的教育内容，也是我们应该把握的教育契机。

作为一名班主任，通过平时的观察，我常常发现一部分学生的校服短了一大截，却迟迟没有更换，特别是刚升入九年级的孩子，可能是因为身高增长快，有些孩子的校裤穿上像七分裤，穿着一定不舒服。更换校服吧，几百块钱买一套，一年不到就要毕业了。此外，中考后，有些同学过于兴奋，会把初中用过的书扔得到处都是。鉴于这些发现，我每带完一届学生，都会在毕业前夕举行两次主题回收活动——校服回收活动和图书回收活动，同学们自愿参与，把自己不需要的校服、教材、教辅资料、课外读物等进行分类回收，留给即将升入九年级的学弟学妹们。这既是一种爱心传承，也是一种环保的生活方式。

的确，我们现在生活的物质条件越来越好了，但我们应该把这种勤俭节约、关爱他人的理念传递给学生。

在每届运动会上，我也及时把握时机，引导孩子们正确认识责任与荣誉。比如，某届运动会上，我们班有23位同学积极报名参加了各项比赛，有9位同学没有参赛。我便组织没有参赛的同学负责后勤工作，如提醒检录、照顾运动员……在赛后总结的时候，我请同学们思考：在这次运动会中，你做了什么？自我评价如何？有的同学积极参赛，斩获佳绩，展示了自己的风采，为班级赢得荣誉；有的同学奋勇拼搏，虽然没有得奖，但精神可嘉，勇于尝试、敢于突破就已经证明了自己，班级为他们而感到骄傲；有的同学虽然没有参赛，但是服务了同学，为运动员们呐喊助威，是班级最好的服务者和啦啦队，为他们点赞！通过这样的方式，让班级的建设离不开每一位同学参与的育人理念逐渐深入人心，人人都是班级文化的建设者，班级荣誉属于每一位同学，提升了同学们的归属感、荣誉感和责任感。

其实，在我们的日常生活中，像这样的教育契机比比皆是。家长要尊重孩子，用欣赏的眼光看待日益成长的孩子，不要高高在上，要学会平视孩子，把孩子当作发展中的人，关注孩子的情绪波动与心理变化，善于抓住孩子生活中的重大事件和关键节点，勤于观察，善于思考，积极交流，在孩子不断扩大的生活世界中，用生活中的教育资源，帮助孩子适应生活、适应社会，提升以责任感为核心的思想道德品质，让孩子逐渐成长为家庭和学校生活的参与者和建设者，成为国家建设与社会生活的亲历者和奋斗者！

陪伴促成长

我们常说，陪伴是最长情的告白，也是最好的教育。对于陪伴的理解，人们常常会陷入误区而不自知。陪伴不等于只满足孩子的物质需求，不等于看管陪伴孩子，也不等于控制命令孩子。这里所谓的"陪伴"，应该是有效陪伴，既能够保证充足的陪伴时间，又能够满足孩子的精神需要。亲子之间开展有效的沟通与交流，特别是对青春期的孩子来说尤为重要。根据埃里克森人格发展八阶段理论，青春期的孩子面临自我同一性和角色混乱的冲突。随着身体的快速发育，以及孩子们面临新的社会要求和环境条件，需要他们作出重大改变，他们会因此感到困扰和混乱。对于家长来说，要做好孩子的"镜子"，开展有效的沟通，以和善而坚定的态度，帮助孩子形成对自己角色的统一感，避免角色混乱。

我们也常说，教育要言传身教，其实更多的时候身教重于言教。从孩子的心理发展来看，模仿是孩子最基本的学习手段，是他们社会化过程中的重要成长方式。因此，以身作则、言传身教在孩子的青春期成长过程中发挥着重要作用。言传身教的背后，传递着的是情感态度与价值观念。

因为疫情，从 2022 年 3 月 14 日起，上海开始了将近一个学期的网课。没想到线上教学刚刚开始，我就收到任课教师们的各种"投诉"：个别学生穿着睡衣上课，有的学生拿着早点出现在屏幕前，有的学生索性躺在床上上课……如何才能让学生对线上学习充满敬畏与重视呢？通过线上和家长、孩子们讨论，我决定"云端"陪伴，每天早上 7:30 准时开启摄像头和全班同学"云早读"。其实孩子读了多少内容我无从知晓，但每天看到孩子们衣冠整洁地端坐在书桌前，我觉得这种陪伴教育的效果是立竿见影的。每天"云早读"开始后，我们先用 2 分钟进行"云晨会"，对班级情况及时小结，发现问题及时整改。就这样，我们的"云早读"坚持了一个学期。一段时间之后，我再也没有收到任课教师们的"投诉"，随之而来的是教师们的鼓励和肯定。

坚持体育运动打卡是最让人头疼的一件事。为了鼓励孩子们坚持运动锻炼，我带头进行，带着我女儿一起跳绳。我会在每天的"云早读"中告诉他们昨天我做了哪些运动，运动了多长时间。同时，在每周的班会课上对孩子们的运动打卡情况进行反馈，鼓励他们坚持到底。到了暑假，我也没有放弃运动锻炼。此时可选择的运动方式更加多元了，除了跳绳，我还去骑自行车、游泳、跑步……在每天晚上的固定时间，我都登录班级群进行打卡，并配上运动的照片或视频，给学生和家长带去了动力。疫情期间，我们班始终是年级中打卡最多的班级。不少同学坚持每天运动、打卡，体质也得到了增强。一段时间后，我和女儿都养成了坚持运动的习惯。这件事感染了我的邻居，他们也带着孩子加入到每天定时运动打卡的活动中来。其实，我也要感谢学生和家长，本来我是带着陪伴学生的心理进行运动锻炼的，结果自己经过几个月的坚持，跳绳由原来每天3组，每组一两百个，到最后每天6组，每组400个。几个月后，我成功减重10多斤，人也感觉轻松了许多。这一变化也给了学生正面的激励与影响，哪怕正常开学了，仍有许多同学在自觉打着卡，这真是件"双赢"的事情！

近年来，"追星"成了网络热词，学生追星也成为一种普遍的潮流。而学生的偶像大多是影视明星或歌星。有的孩子盲目地"随大流"，疯狂地收集与明星相关的资料物品，甚至深入"粉圈"，既浪费钱财，又耽误时间。家长和老师看在眼里，急在心里。我们该怎样对待孩子的追星情结？

青少年的心理和社会原因告诉我们：对孩子们的追星现象不要横加指责和过分担忧，也不要笼统地反对和排斥。采取简单粗暴的做法往往会适得其反，容易使他们产生逆反心理，形成愈禁愈追、明里不追暗里追的困顿局面。此时，家庭、学校、社会应给予正确的教育和引导，变堵为疏。

孩子追星实际上是一种理想中的天真，也是一种激情中的盲目，背后折射出的是孩子们的价值取向。因此，要把稳价值取向的"舵"，家长们不妨同孩子一起追。父母只有了解了孩子追的星，才可以和孩子谈星，对星发表客观的评论，让孩子"听进耳，记在脑，感于心"，将孩子的目光聚焦在所追之星的奋斗历程和品质优点上（如刻苦练功、不懈奋斗、积极进取的精神等），而不是简单停留在明星的光环上，引导孩子理性地看待他们的事迹及行为，明辨是非，逐渐从"我追的是某个明星本人"向"我追的是某个明星的优秀品质"转变。如果孩子成长中遇到一些问题，还可以引导孩子以其所追之星为榜样，努力进取，这样对孩子的人生观与价值观的形成将起到潜移默化的积极影响。假如家长只是采取撕掉相片等简单粗暴的办法来阻止孩子追星，不仅会爆发激烈的亲子冲突，破坏亲子关系，让孩子"浪子回头"的希望也渺茫，甚至还可能会酿成悲剧。

因此，家长的有效陪伴不仅是一门技术，更是一门艺术。有效陪伴的内核是尊重、理解和关爱。我们要避免简单粗暴的方式，将尊重、理解和关爱注入我们的行为之中，尊重孩子的心理特征，尊重孩子的所思所想，尊重孩子的精神需要，理解孩子当前可能存在的局限和问题，用发展的眼光看待孩子，将我们心中的爱用正确的方式表达出来，在温暖的"言传"和果敢的"身教"中温润孩子的心灵，滋养他们的生命成长，让孩子真正成为他自己。

家校社齐助力

我们常说，家庭、社会和学校是"三位一体"的教育，家校社协同育人对孩子的成长至关重要。12年前的一次经历，让我再次深刻认识到家校社协同育人的作用和价值。

2010年上海世博会上各国精美的场馆设置让人记忆犹新，同样让人难忘的还有世博会上志愿者的身影。他们用热情和专业践行着志愿者精神，因身着绿白相间的志愿者服装而被人们亲切地称为"小白菜"。然而，反观我当时所带的八年级的学生，很多孩子最缺的不是学习指导，而是服务他人、奉献社会的意识和精神。如何通过开展活动在这方面给予学生一些指导和帮助呢？我把目光投放到了学校外，投放到了社区里。在我们学校附近有个大型卖场，我想到利用暑期带领学生在这里开展志愿者服务活动，让他们也当一次"小白菜"。考虑到学生比较多，我个人的组织力量有限，我便动员家长一起参与。起初，部分家长不是很理解：天气这么炎热，为什么还要搞志愿者服务活动？我把活动方案和设计意图发到家长群里，经过耐心解释和具体说明后，许多家长踊跃报名参加。最让我感动的是其中有一位妈妈，她作为企业的管理者，专门请假加入到活动中来。有了家长们的助力，活动开展得有声有色：交通安全漫画手册分发、乘梯引导、手推车整理、货品摆放等工作都井然有序。家长和孩子们出色的表现得到了卖场负责人和顾客们的一致肯定。许多孩子把这次经历写到了他们的周记中，字里行间，流露出他们对亲子关系、志愿者服务、社会责任等问题的思考与实践反思。家校社协同，让"1+1+1>3"。

此外，在平时的教育教学中，有些孩子因种种原因，学习基础比较薄弱，成绩不太理想。面对这些孩子，家长和老师该怎么做呢？

有个男孩，学习基础比较薄弱，虽然能够按时完成作业，但是正确率却很低，男孩的眼里失去了光芒，对自己的未来也失去了自信。不过，作为他的班主任兼美术老师，我发现他在美术方面很有天分，便鼓励他发挥特长，尝试寻找专属于自己的生长点。一开始家长并不支持他学美术，他们认为学习美术没有出路，还是学习成绩最重要。面对不同的教育观，我尝试和家长沟通，甚至带着任课教师一起去家访，最终和他们达成共识，取得信任和支持，家校互相配合。我不仅义务辅导这个男孩画画，还自费带着孩子走进美术馆、博物馆，为孩子的美术学习打下扎实的基础。男孩在找到自己的兴趣点和奋斗目标后，变得神采奕奕，眼里又有了光亮，各方面都取得了明显的进步。初中毕业后，他进入了自己中意的艺术中专，后来又考入艺术学院艺术设计专业深造。现在的他已经是一名设计师，还拥有了自己的公司。

像这样的学生还有很多，如有的孩子很有绘画天赋，有的孩子朗诵极具感染力，有的孩子歌儿唱得很棒，有的孩子舞蹈跳得很酷，有的孩子擅长体育运动……面对这样的孩子，需要家长、学校、老师一起因材施教——用心去观察，尊重学生的不同，发现他们的闪光点，鼓励他们扬长补短，表扬他们的每一点进步，让他们在点滴进步中体验成功、收获希望、重拾自信。在这一过程中，需要充分整合家庭、学校和社会的资源，给他们搭建展示的平台，让他们充分展示自己，品尝成功的喜悦。事实上，我们想让孩子们学到的不仅仅是知识，不仅仅是一种才艺，更重要的是对自身生命价值的一种肯定，以及对自己未来成长的一份期待。"天生我材必有用"，孩子们需要在家校社的合作联动中，走向更为广阔的世界，见人、见己、见世界，找到自己的成人成才之路。

2022年1月,《中华人民共和国家庭教育促进法》颁布实施,其中明确提出要"建立健全家庭学校社会协同育人机制",并对社会协同进行了规定和指导,让家庭教育由"家事"上升为"国事"。教育的场域绝不止学校一种,家庭、社会也是教育的重要场所。甚至,家庭是孩子们的第一所学校,家长是孩子们的第一任老师,带给孩子不一样的学习体验、情感支持和动力激发。教育,从来不只是学校的事,而是家庭、学校乃至社会共同的责任与期许。在我们平时的教学中,在孩子的成长过程中,联合社会资源,家长积极参与到学校教育和管理中,配合老师和学校,可以提升协同育人的教育效果。家校社目的一致,协同才有力量;家校社步调一致,协同才有效果;家校社互为补充,协同才能更高效。家校社一起助力赋能,才能使孩子成长得更好!

"特级教师开课啦"录制现场

总之,我们用尊重的态度、发展的眼光对待孩子,才能助力孩子更好地成长,才能让生命自然舒展!

(本文为2022年上海市"特级教师开课啦"系列公益讲坛课程讲稿,本活动由上海市教委、上海教育电视台、解放日报主办。)

第三节

理念完善：与时俱进，教学相长

一、妙用"班级圈"

2021年中途接手的七（8）班，特殊家庭的学生比较多，也比较难管理。学校要求不管是中途接班还是新接班级，班主任都要利用暑期做到全员家访。也许是校领导体恤我比较忙碌，便告知我如果太忙可以暂时不家访，等开学后了解了班级情况再家访也可以。尽管领导这样说，但我还是妥善安排时间，做到了全员家访。

新学期报到时，我第一次走进班级，对同学们说："能担任你们的班主任我很荣幸。不管班级以前情况如何，不论以前你们是什么样，都已经成为过去，也都成为历史。我想从今天开始认识大家，认识每一个人，我想用心记住你们每个人的名字！"

我们学校常规的家校沟通平台是钉钉，钉钉里有个功能叫"班级圈"，有点像微信的朋友圈。在钉钉班级群里发一个"班级圈"，

"班级圈"助我认识每个孩子

不管是文字、图片还是视频，学生、家长、任课教师都能看到，并且能适时交流互动。接手七（8）班后，我也经常利用"班级圈"与家长进行交流反馈，比如我在"班级圈"发布的第一条内容如下：

开学第一天，孩子们的表现棒棒的！感谢为班级布置板报的同学小周、小姚、小徐、小乐、小陶和小陈（以上均为化名），感谢留下来大扫除的全体班委！感谢家长们配合支持，感谢全体任课教师辛勤付出！新学期让我们携手同行，遇见更好的自己！

我想利用这个平台，让家长了解孩子们新学期的新面貌。我也在尽力捕捉、发现每个孩子的闪光点，通过及时分享，让孩子和家长重拾自信。

我不仅晒孩子，还会晒任课老师，目的是让家长认识、了解我们的任课老师，感受到老师为孩子们的辛勤付出。比如围绕教师节，我发了这样一条"班级圈"：

今天是教师节，我们和孩子们一起度过了美好而又充实的一天。今天我不晒孩子，我想晒晒咱们的任课老师，祝贺李老师荣获学校的"自信美教师"，祝贺英语王老师荣获学校"自信美教师"提名奖。今天我也有幸到上海人民广播大厦参与了"市民与社会"教师节特别节目的直播，分享育人故事。和孩子们一起努力遇见更好的自己，这也是全体8班老师们的共同目标，后续我还会抽空介绍其他任课老师，请拭目以待！

我不确定这样做效果如何，但看到家长们的点赞、交流互动，我觉得这是一件很有意义的事情。

我坚持发"班级圈"的另一个原因，是希望得到家长的信任与支持。有一天送孩子们放学，在门口，我遇到了一位学生的奶奶，她见到我激动地说："洪老师，昨天我在群里看到我孙子了，谢谢你给他机会……"这个孩子在学校里经常上课睡觉，有时阳光体育课也不愿参加，学校和家里想了很多办法都不起效。有一天课外活动，我发现他竟然排队去了操场，坐在草地上，迎着夕阳开心地笑。见此情景，我就随手拍了一张并晒到了当天的"班级圈"，没想到家长看到这么开心。我想正是家长的这份喜悦和认可，成为我坚持下去的重要原因。

带班育人过程中，除了激励学生、支持任课老师，对于家长的配合或支持，我也会及时发"班级圈"致谢，并利用"班级圈"传播积极的儿童观和教育观。比如我在体育节开幕式那天发的"班级圈"：

9月30日运动会入场式，8班惊艳亮相，口号响亮，精神抖擞，最终以全校第一名荣获最具创意奖。特别感谢小夏（化名）家长精心为大家私人定制的国庆节特色口罩，费心了，破费了。为了鼓励孩子们，我请他们喝了饮料。其实拿什么名次不是最重要的，重要的是让孩子们体验活动过程，并认识到无论做什么事，只有坚持不懈、勤奋努力、用心用情，才会有收获。学习是这样，生活也是这样，和孩子们、家长们共勉！

此外，轮到班级为全校师生做大值周服务，我也走到各处抓拍孩子们为大家服务的场景，并及时晒到"班级圈"，传播志愿者精神和劳动教育的意义，对他们进行表扬和鼓励。就这样，我用了一个学期，通过经常发"班级圈"的方式，牢牢记住了每个孩子的名字，更好地促进班级管理和文化建设蓬勃发展。

班主任新接手一个班级，特别是中途接班，不仅要让学生有信心，还要让任课教师感到有力量，更要让家长觉得这个班级有希望。做有温度的教育，教育的每一天都是新的，它没法彩排，也

孩子们服务大家期间发布的"班级圈"

不能提前预知。班主任要做的就是及时发现学生的闪光点，并进行强化，用爱暖化孩子。比如接班伊始，我没有急着修改班级原有的规章制度，也没有急着整顿班风、学风，而是每天去发现、去挖掘、去分享孩子们的闪光点。一个学期过去了，这个班级全新的精神面貌获得了家长、任课教师一致的肯定。

> **班主任心语**
>
> 班主任需增强对教育本质的理解，始终将培育全面发展的人作为教育的终极目标，手中要多几把"尺子"，用发展的眼光发现学生的潜能与成长点。班主任在看到"成长中的学生"的同时，也要让学生和家长深切感受到班主任的教育理念与人文关怀。在家校社共育的过程中，班主任要积极表达对学生的欣赏与认可，以及对任课教师和家长的感激。通过整合教育资源，进行协同育人，把教育的功效最大化。

二、班级"云管理"

由于疫情，上海于2022年3月14日转为线上教学。网课刚进行两周，我就陆续收到任课老师们的"投诉"：有的老师说在学校里上课，班级的总体情况进步很大，但一在家上网课就"原形毕露"了；有的老师说班级学生的学习状态不好，个别学生穿着睡衣或躺在床上上课；有的老师说，学生学习态度不端正，一旦被老师提问就借口家里的网络或电子设备出问题而进行敷衍搪塞……

面对老师们的种种吐槽，我紧急召开了班会和家长会，寻求家长们的支持与配合。针对班级出现的问题，我还和任课老师进行了沟通交流，寻求他们的帮助。最后，我作了一个大胆的决定，从第三周开始，每天早上7:30班级准时进行"云早读"，老师和学生都要打开摄像头和麦克风。"云早读"

开始后，首先进行"云晨会"，对前一天班级网课的情况进行总结，好的方面及时表扬鼓励，不足的地方进行强调教育引导。晨会结束后学生拿出课本早读，7:50下课休息调整，8:00准时上课。这样，网课中迟到的现象消失了，孩子们能迅速进入学习状态。其实，孩子们在"云早读"读什么、读了多少，这些都不重要，重要的是培养学习的好习惯，培养学习的仪式感，培养对线上学习的敬畏和对老师劳动的尊重。

除了"云晨会"，我还每周坚持召开"云班会"，发现问题并及时解决。此外，因疫情学生长期居家学习，我担心孩子们久坐不动，对身心健康产生影响，便配合体育老师，鼓励他们在不影响邻居生活作息的前提下，积极开展居家运动和锻炼。他们通过拍照或录像的方式进行打卡记录，并定期进行总结反馈。疫情期间，除了上好网课，我还积极探索班级"云管理"的方法，通过每天坚持线上早读和晨会，定期和家长"云沟通"等，收到了良好的效果。

暑假期间，体育老师为了让孩子们坚持锻炼，结合九年级体育中考的项目，在班级群里布置了每天运动打卡的任务。刚进行了两周，体育老师就向我反馈班级暑期运动打卡中出现的问题："洪老师，可能是今年暑假天气格外炎热的原因，你们班暑期运动打卡率不高，麻烦您关注一下。"看到学生一放暑假就有所懈怠，我又作出一个大胆的决定，即日起和学生一起运动打卡。每天晚上8点左右，我先在班级群中打卡，与全体家长和学生分享我当天的运动情况，比如：

暑期第27天，点赞18位坚持运动打卡的同学。今天，我完成跳绳2400个，练字30分钟，阅读30分钟。拳不离手，曲不离口，我们一起坚持。

除了文字，我还配上了自己跳绳、练字的照片，可谓"有图有真相"。锻炼初期确实很难坚持，起初我跳绳最多跳100个便气喘吁吁了。坚持了一段时间后，我每天能跳绳6组，每组400个。

我在班级群的打卡内容

暑假期间，除了跳绳，我有时也会去游泳、跑步等。比如我打卡的一条与游泳有关的内容：

暑期第31天，为坚持运动的同学们点赞。今天，洪老师完成游泳1000米，阅读、练字各30分钟。转眼进入8月，暑期已经过半；7月若有蹉跎，8月勿留遗憾。愿你活得精彩认真，过得温柔炽烈！愿所有美好不负归期，一起加油！

陪伴是最长情的告白！就这样，我坚持运动、陪伴打卡一直到开学。暑假两个月，我减重10多斤。教学相长，我也要感谢我的学生，是他们督促我和学生一起成长，变得更加自律、更加健康！

班主任心语

在信息技术飞速发展的当下,班主任工作也要与时俱进,朝着现代化、数字化领域发展。为了使信息技术真正成为班主任的"好帮手",班主任需要不断创新班级管理和协同育人的方式方法。例如,运用信息技术建立学生的过程性档案,追踪学生的学习与成长轨迹;创设丰富多彩的班级活动,开拓班级的线上成长空间等。在信息技术赋能班级管理的过程中,不能忽视育人目标的精准定位。教育要用心、用情、用智,事无巨细,以身作则,言传身教,充分利用信息技术作为辅助工具,真正实现以人的发展为核心,培养德才兼备的人才。

附

用情用智,助力中考"最后一公里"
——写给疫情下的毕业班学生家长

疫情期间,全国多地学生都从线下学习转为线上学习。2022年3月14日起,上海市大中小学生也全面进入网课模式。面对宅家上网课的"神兽们",伴随而来的是家长们的焦虑和不安,家有毕业生的家长则面临更大的压力:担心网课学习的效果不佳,害怕疫情会影响孩子中考,忧虑亲子沟通不畅,不知如何更好地维系亲子关系……

作为一名班龄近20年的初中班主任,陪伴毕业班学子和家长经历过一次又一次的中考,我特别理解家长们此时此刻的担忧和焦虑。当下,家长们既要抗击疫情,又要教育孩子,在双重压力之下,家长们的家庭教育方式、亲子沟通模式该如何调整呢?在孩子初中生涯的"最后一公里"中,家长们应该怎样进行有效陪伴,助力孩子中考呢?

学会与不确定性共处，转移问题焦点

有家长说：眼看就要中考了，孩子学习成绩本来就不太好，因疫情开始上网课了，中考可怎么办啊？在家没有老师当面监督和指导，学习效率肯定低下，网课靠谱吗？孩子能自觉学习、自主迎考吗？……家长越想越焦虑，但又无能为力，怎么办？

首先，家长要直面现实，学会与不确定性共处。疫情期间，网课带来了各种不确定性，家长要有认知能力，接纳意外的发生。真正的勇气和信心来自直面现实后的自我坚定。凡事都有两面性，网课有局限性，但也有积极的一面。在家上网课，不仅节省了上下学的时间，对九年级学生来说，还有了更多查漏补缺、自主学习的机会，同学们可以通过回放上课视频来弥补缺漏。网课，也被有些家长戏称为"一对一"教学。一个人静静地上网学习，不容易受到外界干扰，课堂中的互动也能达到师生间交流沟通的效果。

其次，家长要转移注意力，专注于可控的事情。打造适宜的网课学习环境，共同制定居家学习规划，探讨线上高效率的学习方法，给孩子做可口的饭菜，做孩子的情绪"垃圾桶"，带领孩子开展居家活动……家长有很多事情可以做，接受能接受的，改变能改变的，让孩子感受到家长的稳定情绪，他们在面对中考压力时也会充满勇气和耐力。

总之，面对居家学习，作为孩子的第一任老师，家长要不断调整心态，以乐观、豁达的心态面对客观现实，相信孩子、相信老师、相信学校，更要相信自己！

爱孩子，先要学会懂孩子

毕业班学生最大的问题是焦虑、压力大，学生在过度焦虑的情况下很难投入学习，反而表现为越到中考，越是松懈。很多学生家长认为自己最应该做的就是督促孩子学习，认为跟孩子沟通就是督促孩子学习，这就是爱孩子的方式。其实，在爱孩子之前，家长最重要的功课是懂孩子。那么毕业班学生的焦虑可能来自哪些方面呢？

中考被视为人生的第一次重要选择，好高中、好大学、好未来，这三者被紧密联系起来。这种片面的认知加重了孩子中考的心理负担。学生经常处于量化检测中，过度关注过程性的考试成绩，如果考不好，就会沮丧失落，进而产生自我否定和自我怀疑。学生的理想和现实之间产生的差距，容易让他们灰心丧气。再加上家长传递出的担忧和焦虑，他们的情绪就会变得非常烦躁，学习没有动力。不少学生认为再努力也没用，严重者甚至会自暴自弃。

所以，家长先要学会懂孩子，然后再去爱孩子。九年级的最后阶段，家长要努力营造一个亲子顺畅沟通的氛围。可能有家长会说：我想和孩子说说话，但孩子不搭理我，这该怎么办呀？

首先，多观察，多倾听。家长要允许孩子发泄情绪，一吐为快。家长的首要任务是观察孩子的表情，倾听孩子的心声。孩子的心结在哪里？孩子的人生观和价值观是什么？家长要运用人生智慧，动脑子、想法子，寻找教育契机并进行适时引导，努力做孩子的"心灵捕手"。在最后阶段，有些孩子经常烦躁不安，家长应该先要冷静下来，学着多观察、多倾听、多理解，学会换位思考。只有懂孩子，才能进行及时和有效的教育。

其次，关注成长需求。家长要懂孩子的成长需求。初中阶段，同伴交往对于青春期的孩子尤为重要，他们害怕孤独，需要社会交往。通过仔细观察，我们不难发现：上学时间长了，学生想放假；放假时间长了，学生又想上学。学生大多不喜欢一成不变的生活，喜欢和同学在一起玩。在中考的最后阶段，面对巨大的学习压力，又没有小伙伴一起分担压力，孤独感就会比较强。对孩子来说，居家学习模式每天面对的除了家人就是电子设备，此时亲子间的有效沟通和互动交流是非常有必要的。从孩子的成长需要入手，理解孩子所承受的心理压力，给予他们来自家长的最温暖、最有力量的理解和包容，是读懂孩子、搭建亲子沟通桥梁的重要基石。

家长的教育要想变得充满力量，促使孩子的生命之舟扬帆起航，先要学会懂孩子，理解孩子。花更多的时间接纳孩子的情绪，研究孩子的心理状态，合理分析其原因，才能采取积极有效的措施。

家长如何"动起来"

首先，给孩子一张笑脸，给予积极的心理暗示。笑脸是孩子成长的润滑剂。你笑了，表示你目前的状态还不错，那么孩子目前的状态也不会差。更进一步说，笑脸所透露出的信息是你并没有为孩子的中考感到很担忧。在生活中，要避免出现中考话题，特别是确定目标后，就尽量不要再提了。因为目标的确定说明孩子已经找到了前进的动力，要相信他会朝着目标作好最后的冲刺。而家长要做的就是给孩子正面的心理暗示，告诉他这所学校很适合你，这所学校能把你招进去是它的福气，要让孩子充满信心。

其次，营造和谐的家庭氛围，让孩子安心。家长要学会留意和控制自己的情绪，及时自我暂停。跟自己说，我先让自己停下来，稍微舒缓一下自己的情绪，我要用积极的状态去和我的孩子相处，那么亲子关系也一定会得到有效改善。同时，要减少与爱人之间的冲突，不要打着"为孩子好"的幌子与对方争吵，扰乱孩子的心绪。总之，我们要努力成为孩子中考的"神助攻"，而不是"猪队友"。

再次，学会传授方法，借助外力，寻求帮助。要让孩子知道，当他压力过大的时候，可以停下来转移一下注意力，或通过呼吸的调整、肌肉的放松、适量的运动、听音乐冥想等，做自己感兴趣的事，尽快释放压力。在上网课之余，当发现孩子在班级中建立了聊天群，或通过其他方式与同学聊天、讨论问题时，家长们不要急着制止或反对，而要在理解包容的基础上，给出合理化的建议。比如，上课期间不能聊天，双休日或休息时可以适当和同伴沟通。此外，聊天内容、时长和网络用语、文明礼仪等也需要家长加强引导。和同伴适时的沟通与交流，会在一定程度上缓解孩子的学业压力和焦虑情绪。

最后，家长可以借力班主任、任课教师。有些话如果家长讲，也许会对孩子产生很大的压力，如果从老师口中说出来，效果可能会更好。家长也可以鼓励孩子积极参加学校和班级的线上活动。学校和班级精心组织的活动，会加强同伴之间的互动，缓解孩子的压力，让孩子处在幽闭中的孤独感得到一种释放。这些在网络上互动的机会，适应了孩子的社会性需要，能够有效满足孩子的交往需求。

如果家长觉得孩子最近这段时间存在较大的情绪困扰，每天垂头丧气，甚至一言不发，家长要有敏感性。如果没有办法评估和判断孩子的状况，可以打电话咨询心理老师，或去专业医院进行咨询。

家长朋友们，在孩子处在中考的"最后一公里"中，需要大家在可控的事情上积极行动起来，用真情和智慧陪伴，为孩子创造一个相对宽松和稳定、积极的环境氛围，让孩子们带着满满的正能量，扬起前进的风帆，到达成功的彼岸。

（本文为2022年上海市家庭教育宣传周活动之"特级教师支招中考"文本，发表于"上海家长学校"微信公众号。）

— 成长篇 —

班主任带班育人的实施途径

环境育人、学科育人、活动育人、协同育人是班主任带班育人的重要实施途径，能助力班主任打造卓越班级，培育全面发展的学生。

　　环境育人要求班主任要打造富有韵味的教室环境，使教室不仅成为学习的场所，更成为师生共同成长的精神家园。学科育人要求班主任发挥专业优势，将德育融入教学之中。活动育人要通过顶层设计，开展校园活动和社会实践，让学生在体验中成长，培养社会责任感和良好行为习惯。协同育人则倡导构筑家校社合力育人之桥。这方面，班主任可联合任课教师，整合资源，争取与家长合作，通过深度家访、科学指导、高质量家长会等措施赢得家长的信任与支持；关注特殊家庭学生，分析问题并制定教育对策，从而形成家校社教育合力。

第一节

环境育人：建设富有韵味的教室文化

苏联教育家苏霍姆林斯基说："孩子在他周围——在学校走廊的墙壁上，在教室里，在活动室里——经常看到的一切，对于他精神面貌的形成具有重大的意义。这里的任何东西都不应当是随便安排的。孩子周围的环境应当对他有所诱导，有所启示。我们竭力要使孩子所看到的每幅画，读到的每句话，都能启发他去联系自己，联系同学。"这段话告诉我们，教室是学校的基本构成单位，是中小学生校园生活的主要活动场所，是师生共同学习、生活与成长的家园。打造富有韵味的教室是建设班级文化的一个重要抓手，也是班主任和基层教师带班育人的重要途径。教室合理的环境布置和空间利用又是打造富有韵味的教室的重要载体。一所学校，一个班级，贴一张名言警句，挂一幅图画作品，都可能对孩子的成长起到积极的作用。可见打造温馨、优美的教室环境至关重要。

2016年，我和工作室团队成员对上海地区的300多名初中班主任和近2000名学生开展了问卷调查，在"您认为教室环境和空间利用是否需要精心布置和设计"这个问题上，有96.03%的班主任认为特别有必要；在"如果您觉得有必要，您的理由是什么"这个问题上，有85.6%的学生认为优美的环境使人愉悦，有81.9%的学生认为能建立良好的班级形象，有64.7%的学生认为班级会更具有凝聚力。由此可见，教室不仅是传递知识、组织活动的场所，更应该是师生朝夕相处、共同成长的精神家园。所以，"打造富有韵味的教室"是学生成长的需求，更是基层班主任专业化发展的需求。所谓"富有韵味的教室"，是指师生基于自身的学习、生活经历和班级文化背景共同创造的个性化、综合性、主题式的品牌教室。它洋溢着生命活力，充满着人文关怀，散发着浓浓书香，是师生心灵沟通的桥梁，是学生张扬个性的舞台。

2020年3月，中共中央、国务院印发《关于全面加强新时代大中小学劳动教育的意见》（以下简称《意见》），对新时代劳动教育作出了顶层设计和全面部署。《意见》指出，教育工作者要"把握育人导向""遵循教育规律""创新体制机制，注重教育实效，实现知行合一"，在现代化的进程中，需要把劳动教育做实，培养"担当民族复兴大任的时代新人"。劳动教育作为五育并举的重要形式之一，是国民教育体系的重要内容，是学生成长的必要途径，具有树德、增智、强体、育美的综合育人价值。新时代劳动教育不仅关注学生的劳动技能培养，更强调劳动教育与学生全面发展的有机结合。提升学生劳动素养，增强劳动竞争力，形成劳动人才梯队，不仅是学生通向自由全面发展的重要路径，还是建设美好社会的重要基石，这也与立德树人根本任务一脉相承。

教室环境布置蕴含着独特的教育价值，既有劳动的创造，又提供了审美的体验，还促进了素养的提升、智力的运用和身体的锻炼，是校园文化建设的重要组成部分，也是育人的隐形课程。同时，能够培养学生的劳动兴趣，提升学生的劳动品质，激发学生的劳动创造力，落实立德树人根本任务，是培育人全面发展的必由之路。

一、教室环境布置，遵循基本规律

1. 注重学生的身心特点

教室环境建设应从学生的实际情况及其身心特点出发，以个性鲜明、活泼可爱、不拘一格的形式，晒一晒班级丰富的课余生活，夸一夸学生取得的点滴成绩，记录下他们的成长足迹，营造一个充满正能量、文化气息浓厚的班级环境，从而激励学生不断进取，主动、健康地成长。

教室环境的前期布置工作，事无巨细，每件事都要从为学生成长与发展服务的角度去思考。下面是我带班时的一些做法，希望能对班主任们有所启发。

（1）黑板报。

班级中的黑板报是教室环境建设的主阵地，也是一个很好的育人载体。在对黑板报的布置中，应多运用学生喜闻乐见的形式和创新求变的方式。

随着时代的发展，黑板报的材质和技法也在创新发展，比如我校黑板报的材质就发生了三次改进。第一次是最早使用的黑板，即能用粉笔手写的材质。这种材质最原始，优点是能锻炼学生的粉笔书写水平，擦除也方便，缺点是不够环保，有粉尘，学生路过触碰后字迹易模糊不清，时间长了彩色粉笔的颜色还会有失鲜艳，效果大打折扣。

传统粉笔手写黑板报（来源：鹤北中学）

在此基础上，学校更换了另一种材质的黑板，即底板是松软的木屑压制板材或合成板材，上面蒙一层绒布。板报内容无需用粉笔手写，只需将内容打印出来或手工绘制，然后将打印纸或绘制的图直接用图钉或大头针钉在上面。这种方式比较环保、便捷，也大大减轻了班主任和学生出黑板报的工作量。

进阶版便捷型黑板报

后来，我校陆续被指定为中考考场或其他层面考试的考场。这也给教室里的黑板报提出了新的要求：教室一旦用作考场，原则上不能出现文字信息，所以，有内容的黑板报就必须擦除。而等到考试结束，学校又要求恢复黑板报，这样一来，就给班主任增加了不少负担。为缓解这一问题，学校对第二代黑板报的材质进行更新换代。这次学校把教室四周涂上带磁性的环保涂料，黑板报的区域用彩色磁性涂料。这样，黑板报的区域比原来扩大了，可以展示更多学生的作品和文章。黑板报的内容也无需再用图钉固定，只需要用磁条、磁贴等固定即可，而且比之前更加环保、便捷。如果教室临时要做考场，也无需整体拆除，只需采用大白纸，并借助磁条贴覆于黑板报区域即可。此举更加高效，得到了老师们的一致肯定。

升级版环保型黑板报

有的学校的黑板材质可能还是之前的手写黑板或其他材料,但对黑板报的技法进行了创新。比如,市面上有一种板报纸,可以按教室内黑板报版面的尺寸进行订购。把它覆盖在原来的版面上,学生可以用水粉、丙烯颜料直接在上面画画写字。这样出的黑板报,效果非常好,涂擦清理也很方便。

手绘创新型黑板报(来源:华二附初)

黑板报的内容要与学生的生活与成长紧密相关。比如,我班的黑板报陆续开辟了以下几个栏目:"美文氧吧",主要用于展示学生的优秀作文或推荐的美文;"小荷初露",主要用于展示学生作业、美术作品等;"我行我秀",主要是记录学生学习生活和才艺的文字或照片。这些精心设计的栏目,无疑是学生劳动成果和创新实践的展示平台,生动体现了对学生努力的认可与赞誉,让学生收获成就感和归属感,让他们更加自信。

此外,我们还增设了"时政热点"(关注社会热点、国际新形势及重大时事新闻)、"先辈的旗帜"(传承传统文化和中国精神)、"快乐假期"(晒一晒假期丰富的学习生活)、"国风曲韵"(了解音乐戏曲等艺术,增强人文素养,提高审美能力)等栏目。

到了九年级,除了这些常规栏目,黑板报布置还要和升学考试、中考资讯相结合,融入励志教育和理想信念教育。为此,我们先后增设了"中考加油站""中招专栏""心语心愿"等栏目。这些栏目可以巧妙地融入美术元素,尤其针对一些较为抽象的概念,如社会主义核心价值观、红色精神、人类命运共同体等。若加入由学生创编的朗朗上口的儿歌、自主设计的卡通漫画,以及形象生动的美术作品等,不仅能够激发学生的创作激情,还能促使学生对这些概念进行更深层次的理解和感悟。

总之，打造富有韵味的教室，既要发挥学生的主人翁意识，更要遵循学生的成长规律和身心发展特点，鼓励他们在劳动和实践中体验美、感知美、创造美。

（2）展示墙。

教室右侧后面的墙壁我将其开辟为"成长的足迹"栏目。这个栏目主要是晒一晒学生丰富的课余生活，如在军训、运动会、社会实践等活动结束后，学生把精彩的活动记录、感悟和照片进行展示，有的图片还添加上学生的内心独白和感悟，用的大多是"00后"新生代语言，这也算是一种个性互动。

展示墙上还有一个一直保留的栏目——"学长驾到"，即请毕业的学长回校和学弟学妹们对话，用学长的成长故事来激励班级学生。比如，以前读初中时就很优秀，现在更优秀的学生，就请他分享自己的成长感悟；以前读初中时很普通，但现在发展得越来越好的学生，也可以请来分享成长经历。开设这个栏目的初衷，是考虑到有时候，相对教师，同龄人或者与学生年龄接近的青少年对他们的影响更大。事实证明也确实如此。

（3）橱柜名片。

教室里学生储物柜的柜门上都贴有学生的名字，为了发挥它们的育人功能，我把名签做成"橱柜名片"。学生定期将获奖信息、获奖证书、奖状等经过装饰处理，贴到柜门上进行展示。一开始是黑白的，后来有了彩色"升级版"。虽然这只是一个小小的举动，但家长和学生非常在意。开家长会时别的班级已经开始了，我班的家长还在关注"橱柜名片"，因为他们想看看自己的孩子这段时间又获得哪些进步，取得哪些成绩。由此我想到一句话：好孩子是被夸奖出来的。不要说孩子，事实上，成人也很在意别人的鼓励和肯定。

（4）特色园地。

教室内外的所有空间都可以有效利用，彰显教室文化的特色。比如，我发现我校教室前黑板比较大，但黑板最上面和几个区域的板书利用率不高。所以，我尝试开发了多个功能区域，如生日祝贺区、温馨提示区、经典诵读区、小组争星区、值日班长区、每日课表区等。当有老师需要找某个学生，人多不便时，便可以在"温馨提示区"留言；当有学生过生日，师生可以在"生日祝贺区"及时送上祝福……再如，教室门口墙壁上可贴上个性头像，附之以温馨提示；走廊墙壁上可设有学生作品秀，还可分类展示各学科作品；新年到来时，可悬挂新年祝福……

我们还可以将"请随手关灯"的图标贴在电器开关附近，提醒学生随手关灯，节约电能；用可反复使用的课程表磁性贴，替代粉笔书写，简便又环保；用废旧材料做教室装饰，新颖、美观，又环保……这些创意的布置在无声中使环保理念浸润学生心田。

环保节电图标贴

教室环保饰品
（来源：北大附属嘉兴实验）

这些布置不仅要追求感官上的美，也要注重实用性，更要彰显其育人功能。审美功能、实用功能、育人功能有机融合的教室才是富有韵味的教室。

2. 注重目的性和阶段性

班级文化建设要注重目的性和阶段性。比如，对于起始年级，养成教育是学段衔接必须面对的问题，注重教育的目的性和阶段性，引导学生根据班级的实际情况制定班级规章制度、班级公约等，结合教室环境布置张贴公示，并认真组织实施，显得尤为重要。

布置教室时，可以把班务内容张贴到教室醒目的位置。比如，我班在教室右侧前面的墙壁上，分别设有"班主任寄语""我们的约定"和"小家务"

等栏目。"班主任寄语"是班主任在新学期最想对学生说的话，大多是对集体的期望和鼓励；"我们的约定"则是师生共同制定的班级规章制度；"小家务"是岗位安排和岗位职责。此外，班级小岗位、值日分工表、班风班训、班标班徽均可以设计张贴出来，在美化环境的同时，让学生潜移默化地了解班级，产生热爱班集体的积极情感，增强团队凝聚力。

起始年级，学生刚从小学升入初中，还处于过渡时期，所以班规宜采用朗朗上口的儿歌和顺口溜。随着学生年龄逐渐增长，班规的形式和内容都需要不断完善，而且这个过程需要老师和学生共同参与，因为只有亲自参与班规的制定，学生才会从心底里认可和遵守。制定的班规要体现人性化，不同阶段采用不同的形式，再增添一些趣味性，会取得更好的育人效果。比如，上学期间带零食的问题，经过师生、家长共同讨论，我们最后达成共识：初中阶段是学生身体生长发育的关键时期，随着学生年龄的增长，特别到了八、九年级，升学压力大，课业负担重，放学也较晚，可以适当带点零食补充能量。至于带什么，经过商量讨论，确定面包、点心、牛奶、水果等可以适量带到学校，而糖果、薯片、有刺激性气味的食品则不建议带到学校。带到学校的零食什么时候吃比较合适？这也需要讨论决定。规矩一旦确定下来就要严格执行。我们约法三章，作出一个有趣的规定：违反者需买相同的食物分发给每位同学。这种做法更能让学生接受，也更容易执行。

再如，上学迟到了怎么办？迟到次数多了该怎么惩罚？我们也通过讨论作出决定：迟到第一次，提醒；迟到第二次，就需要提早5分钟到教室门口迎接每一位同学和老师的到来。

3. 注重传承性和时代性

班级文化建设要注重优秀传统文化的传承，做到既体现优良传统，又反映时代特点，坚持在传承、积淀的基础上与时俱进，体现传承性与时代性的统一。我们应注重研究新时期中学德育工作出现的新现象、新问题、新特点，着眼于学生终身发展，有的放矢地开展班级文化建设，促进学生全面发展。

在教室环境建设中,我们要注重传承性和时代性相结合,传承传统的同时,还要和新时代、新事物相融合,要充分利用精心设计打造的教室文化场域,开展活动,让教室布置不仅能说话,还要有对话。比如,前黑板的面积较大,除了日常任课教师教学利用,我带领学生把基本用不到的黑板角落进行分割,划分了不同的功能区域。这里重点介绍一下"经典诵读区"。

前黑板的"经典诵读区"不只是单一的展示,它已成为带动我和学生学习经典作品的推手。初中四年时间,我和学生利用前两年的时间,学习了《三字经》和《弟子规》。怎么学?先按学号轮流在"经典诵读区"书写、释义,并上台领诵。在此期间,学生不仅锻炼了书写水平、语言表达能力,还提高了人文素养。经过日积月累、潜移默化,我和学生记住了"凡道字,重且舒,勿急疾,勿模糊",表达时自觉吐字清晰,学会抑扬顿挫;记住了"事非宜,勿轻诺,苟轻诺,进退错",知道了要做一个诚实守信的人……

前黑板不同功能的区域划分

可能有老师会说,这都是很多年前的东西,里面有些内容已经不合时宜了。我赞同这个观点,年代不同,肯定有它的局限性,但里面更多的是人类文化正向价值导引,教化人走向道德、理性和真善美。这就需要班主任引导学生取其精华,弃其糟粕。比如,《三字经》里有"父母在,不远游,游必有方"。按字面意思就是父母健在时,不去远的地方。随着时代的发展,这句话从字面上看已不合时宜，但中华民族的传统孝道和家庭美德是亘古不变的，重要的是我们要把这一点传承下去，我想这才是学习经典作品的意义所在。和学生一起学习，我也爱上了国学经典。早自修的时间，我和学生一起诵读，利用这些碎片化的时间，我先后读完了《论语》《大学》《中庸》等经典著作。一开始，有很多字我都不太认识，便先借来青少年注音版将其读熟，再去尝试读和原作比较接近的范本。我觉得教育就像《大学》开篇所述"大学之道，在明明德，在亲民，在止于至善"，引导学生向美向善，追求更高的人生境界。

4.注重参与性和合作性

学生是班级的主人，班级文化建设的目的是让学生朝着教育所希冀的目标发展，所以，在班级文化建设中，班主任除了做好"舵手"，还要充分发挥学生的主体作用，激发他们的创造力和想象力，让学生用双手和智慧创造出富有特色且自己喜欢的环境文化。在此基础上，把班级管理智慧与班级文化建设相结合，使班级文化建设实现可持续发展。

有了前期的布置，后期还需要进行艺术化的管理策略，才能使班级文化建设向着可持续的方向发展，具有持久的生命力，使富有韵味的教室具有持续性和发展性。

根据班级管理的需要，班主任可以在不同的功能区或角落增设一些小设计和小妙招，以此促进班级管理。比如，我尝试把班级事务分成若干个小岗位，为调动每位学生为班级服务的积极性，我们开展了"岗位冠名"活动。每一次"冠名"，都设计一个岗位冠名的精致名牌，如饮水机的岗位冠名。前些年，学校还没有直饮水，当时需要用饮水机、桶装水。平时由我班的男生按学号轮流为饮水机换水。一般情况下，学生换水很及时，但有时轮到换水的学生恰好去办公室

饮水处岗位冠名区域

订正作业或不在教室，换水迟了，或是上完体育课后，就会出现一些状况。学生口渴难耐，距离下一节上课的时间又短，排队接水就失去了秩序，经常把水洒在地上，导致饮水机附近一片狼藉。班会课上，一位男生主动提出承担饮水机服务的工作，于是我们为他设计了一张极具创意的名牌——"'天硕'饮水处"，他也倍感骄傲，每天早早到校后直奔饮水机处。他坚守岗位，经常换水和清洁，忙得不亦乐乎。这样做，不仅饮水机的问题解决了，班级学生的责任意识也增强了。

饮水处岗位冠名名牌

再如，为了把更多的空间还给学生，经过集体商议，我们将讲台放到了角落里，弧形设计巧妙合理地利用了教室墙角的空间。但桌面有时很凌乱，特别是到了八、九年级，有些物理、化学的小实验还会在教室里做，所以下课之后，需要及时清理。"丽珺"岗位冠名后，她不仅将讲台收拾得干干净净，还富有创意地买了一束小花装饰，为讲台平添了一份温馨。

讲台冠名区域

讲台处岗位冠名名牌

又如，班级图书角也被冠名为"'小雅'书舍"。争取到这个冠名后，小雅在初中四年里，不仅把书橱整理得井井有条、一尘不染，还定期带同学去图书馆借书、换书。

图书角岗位冠名名牌

也许有班主任会说，岗位冠名新鲜劲过了，学生还能够保持服务热情吗？这也是我所担心的。如何解决这个问题呢？我的做法是，在每学期开学后，我都会召开一节主题班会对岗位冠名的效果进行表彰和巩固。我认为，班主任除了关注成绩，对成绩好的学生进行表彰，班级其他方方面面也应该纳入表彰鼓励的范畴。比如，我会评选出"学习之星""服务之星""运动之星"，并进行班级表彰。其中，"服务之星"就包括对岗位冠名同学的表彰，目的是引导学生做一个全面发展的人。这个表彰对于岗位冠名的同学就像一个加油站，激励他们在自己的岗位上做得更好。同时，对于一些不太合适的岗位，班主任也要定期进行适当调整。这样，学生在老师的鼓励下，都能在各自的岗位上做得更好。

不同的时间节点，班主任也可以做一些创意设计，种下真善美的种子。比如，毕业季，我对学生提出要求："我们毕业了，即将要离开母校，但新学期我们的教室里会来一批新的学生和老师，也许我们不知道会是谁来到这个教室，但是我们要考虑方便他人，尽量给后来者留下一个干净、整洁、有序的教室。"接着，我让学生做了这件事：请把储物柜的钥匙交给老师。此时发现,有的学生钥匙坏了,有的学生钥匙丢了。我便把备用钥匙给他们,请他们回去重新配制好交给我。钥匙收齐后,我邀请生活委员到总务处领一个钥匙圈,按编号编好顺序,放在储物柜上。德育不是说教,更多的是言传身教,是真善美的传递。我相信,当下一位班主任看到我们这间整整齐齐的教室,看到这串排列得如此细致的钥匙时,他一定会深深触动,也一定会把这份爱与责任接力传承下去。

二、教室环境布置,运用美学常识

著名教育家陶行知先生说,生活即教育,社会即学校。美来源于生活,又高于生活。学做一位懂得美、会生活的班主任,掌握一定的美学常识和知识技能,才能培养出懂得美、热爱生活的学生。这里所说的美学常识和知识技能不是专业深奥的美学原理,而是结合生活,深入浅出,能够即学即用的通识技巧,这样才便于班主任在班级文化建设中有的放矢地指导学生。

1. 什么是美

(1) 简单、简洁就是美。

我们常说简单就是美,在教室环境布置创建中,简单、简洁尤为重要。一间教室,几十位学生,属于个人的空间本来就极少,将可有可无的东西拿掉,这样课间属于孩子们的空间就会相对宽松舒适一些。比如,班级有40个学生,我最多摆放41套课桌椅,多余的1套桌椅,主要供任课教师批改作业、辅导学生等使用。将多余的桌椅搬走,不仅让教室看起来整洁不拥挤,还能给学生更多的活动和生活空间。

(2) 对比产生美。

记得居家上网课期间,一次,女儿的美术作业是写生自己喜爱的玩具。女儿想画泰迪熊,但无从下手。她跑来向我求助,问如何画出立体感、空间感,如何表达美感和质感。我给她示范了一张速写,并告诉她两个字:对比。具体来说，就是如果要把鼓起的上肢表达出来，两边的线条要密，中间的线条要稀少；要让头部有立体感，周边的线条密，中间的线条稀疏，这样头部就变成了球形，当然还要结合玩具熊头部的结构进行刻画。女儿看了我的示范，听了讲解，再动笔画就变得有章可循了，画出来的作品也有模有样了。

我和女儿运用对比手法画的泰迪熊

中国画中有一句术语，"疏可走马，密不容针"，意思是稀疏的地方能容一匹马奔跑，稠密的地方连一根针都插不进去。这是中国画构图和布局的技法阐述，这里虽然运用了夸张的手法，但却告诉我们一个道理：对比产生美。这在我们日常教室环境布置中也适用。比如，在进行黑板报版面规划设计时，就要运用"对比"。一般来说，黑板报不同版块之间的空隙要大一些，而每个独立版块里的内容要紧凑，间隙要相对小一些。这样就疏密有致，相得益彰，会产生不一样的

布置教室时要注意使用对比手法

视觉美感。除了疏密对比，还有高低、长短、大小、方圆等方面的对比，都可以体现在教室环境的建设和布置中。

2. 美从哪里来

（1）从学生中来。

教室环境布置和美化，不能靠班主任一个人单打独斗，要把参与的主动权还给学生，鼓励学生加入进来。因为教室是大家的，每一个成员都有建设和维护的义务。例如，我把班级的宣传委员称为"艺术总监"。我带的班级中，"艺术总监"不止一位，因为我通常将学生分为四大组，每组至少有一位"艺术总监"。起始年级，我会手把手教学生如何进行教室布置和空间利用设计，如颜色如何搭配、标题如何制作、内容如何选择、版面如何设计等。到了高年级，我就逐渐放手，让"艺术总监们"带着各自的组员一起做。一个学期四个多月，学校每个月检查一次黑板报，一学期就会检查四次，每组刚好轮一次。这样，每个小组的组员之间是合作关系，同时小组与小组之间又是竞争关系。这种既有合作又有竞争的关系，不仅促使学生不断进步，还解放了班主任，何乐而不为？

此外，教室环境建设时，班主任还要学会整合利用资源，寻求家长志愿者和家委会的支持和帮助；遇到专业性问题，也可以向学校的美术老师求助。总之，打造富有韵味的教室文化，需要师生共同参与。

（2）从细节中来。

教室环境建设时，班主任要关注一些细节。比如，协和双语学校教室走廊上有一根突兀的柱子，柱子的棱角分明，孩子们课间在走廊上奔跑嬉戏时，存在一定的安全隐患。在进行教室环境布置时，学校便把这个因素考虑进去，将它布置成学生

教室外走廊柱子及墙壁上的作品秀
（来源：协和双语学校）

的作品展示区，用来展示学生的作业或美术作品。这样一方面很醒目，容易吸引学生驻足欣赏，另一方面也消除了安全隐患，可谓一举两得。

如果教室外走廊足够宽敞，也可以考虑充分利用，规划成展示各科学业成果的展览墙。这样不仅能更好地利用资源，还能鼓励学生积极参与。也可以在教室的前后门上做文章，比如，进行班级特色展示，或者在各个节日来临之际，布置相应的节日装饰，营造节日氛围等。

（3）从实用中来。

教室环境建设时，有时还需添置一些"班级神器"。首先，要发挥"神器"的实用功能，让学生在学校的学习和生活更加便利；其次，要发挥"神器"的审美功能。

比如，上海多雨。起初，每到下雨天，教室后的瓷砖上、窗台上、走廊里总是横七竖八地摆放着雨伞，很不整洁。雨伞上的雨水流到地上，学生再来回走动，教室的地板上全是泥污。后来我建议学生把雨伞挂在教室外的走廊栏杆上。但问题又出现了：楼层高，雨伞倒挂着，尖头朝下，万一坠落岂不酿成安全事故？思来想去，我在美术课上和学生一起设计出一个雨伞架，后来请一位做铝合金焊接方面的家长做成了实物。雨伞架带四个小轮子便于移动，还能折叠，下面还有一个不锈钢铝合金托盘，用来接雨伞滴漏下来的雨水。不下雨的时候，它和卫生角融为一体；下雨天，早到的同学就会把它推到走廊门口，40多把雨伞整齐地挂在上面，放学后，最后一名拿好伞的学生会倒掉托盘里的水，再把它推到原位。这样一来，不仅教室环境整洁美观了，而且还培养了孩子们的责任感和主人翁意识。

私人定制的雨伞架

所以，教室的硬文化和软文化不是孤立的，而是相辅相成、互相渗透的。小世界，大道理！班主任在班级文化建设中不仅要给学生提供舒适温馨的学习生活环境，还要通过这个过程培养学生的意志品质和责任意识。

三、教室环境布置，凸显主题风格

人创造环境，环境塑造人。教室是师生共同成长的心灵家园，打造"富有韵味的教室"，营造温馨环境，增强班集体凝聚力和师生的归属感，是学生成长的需求，是班主任工作室团队专业化发展的需求，也是一线班主任建班育人的需求。主题化教室以学情和班情为突破口，彰显学生的生命活力，体现班级的育人特色，展示教师的育人理念，是班级环境布置的重要追求，也是从常规操作的熟练到个性魅力绽放的转变。

1. 结合班级学情，确定教室布置主题风格

2019年，经过前期调研与交流，我与工作室成员最终确立了四种空间主题，分别是活力四射的空间、知识学习的空间、节日传承的空间和与时俱进的空间。成员们又基于校情，从所遇问题出发，结合自身带班理念及特长，确立自身教室环境布置的风格。最终，我们确立了10种教室环境布置风格，分别为"和雅风教室""能量风教室""动感风教室""学科风教室""乐学风教室""节日风教室""中国风教室""环保风教室""乡土风教室""海派风教室"。

教室环境布置主题风格

空间主题	教室环境布置风格	负责教师
活力四射的空间	和雅风教室	朱鋆颖
	能量风教室	姜南
	动感风教室	陈敏
知识学习的空间	学科风教室	吴润娇
	乐学风教室	刘小莹

续表

空间主题	教室环境布置风格	负责教师
节日传承的空间	节日风教室	王飞
	中国风教室	王建民
与时俱进的空间	环保风教室	孙微
	乡土风教室	方超
	海派风教室	郭李骏

2. 坚持因地制宜，根据方案制订布置任务

班主任应依据班级现状，坚持全员参与、合作提升、特长引领的原则，结合空间或物质资源，通过问题发现、流程制定、工具使用等途径，进一步明确打造主题化教室的方案，明晰教室环境布置的框架和步骤，落实班级环境布置的任务，形成学生共同的劳动成果。下面以上海市青浦区实验中学姜南老师的能量风教室为例进行说明。

在能量风教室的打造中，姜老师针对班级学生快乐感、温暖感体验不足的现状，希望每位学生都能通过能量风教室的建设，收获丰富的体验、满满的爱意和充满能量的生命气息。基于此，她设计了"确定模块—细化规则—培训指导—设计布局—材料选择—完成布置"的实施流程，引导全体学生都参与到能量乐园的劳动创造中。具体过程如下。

第一步：利用班会课，向全班同学宣讲教室布置的主题是"能量"；每人发一张 A4 纸，有奖征集"能量风教室布置方案"。

第二步：召开班委会，请班委们从征集方案中整理出可操作的、支持率较高的能量风教室的五大布置模块。

第三步：结合能量风教室确定的"德、智、体、美、劳"五个主题教育活动，根据班级情况以及学生学业水平、能力倾向、个性特征等特点，以"组内异质，组间同质"为原则，引导全班学生分成五个小组。

第四步：每个小组建立小组 QQ 群，完成制作小组名片，加强小组凝聚力。

每个小组对自己制作的小组名片进行交流,并开展一次小型的"打造能量风教室"启动仪式,把每个小组的名片张贴在教室内,作为德育板块的第一次布置。

第五步:确定五个小组布置任务表(见下表)。

能量风教室布置任务表

模块 \ 时间	9月	10月	11月	12月	1月
德育模块	第一小组	第二小组	第三小组	第四小组	第五小组
智育模块	第二小组	第三小组	第四小组	第五小组	第一小组
体育模块	第三小组	第四小组	第五小组	第一小组	第二小组
美育模块	第四小组	第五小组	第一小组	第二小组	第三小组
劳育模块	第五小组	第一小组	第二小组	第三小组	第四小组

第六步:学习德育相关文件,落到实处;根据文件精神,设计对应的班级布置栏目(见下表)。

模块布置栏目对照表

模块设置	教育目的	对应的班级布置
德育模块	培养学生正确的世界观、人生观、价值观和良好的道德品质,让学生树立正确的思想观念和政治观念。	1. 班级标语 2. 荣誉墙 ……
智育模块	授予学生系统的科学文化知识、技能,发展学生的智力和与学习有关的非智力因素。	1. 学科编辑部 2. 学习、进步之星评比 3. 图书馆 4. 每日一积累 ……
体育模块	授予学生健康的知识、技能,发展学生的体力,增强他们的体质,培养学生的意志力。	1. 照片墙 2. 动感表格 ……
美育模块	培养学生的审美观,发展学生鉴赏美、创造美的能力,培养学生的高尚情操和文明素质。	1. 作品展 2. 心灵信箱 ……
劳育模块	培养学生的劳动观念和劳动技能。	1. 绿植维护 2. 阳光菜园 3. 垃圾分类 ……

在此基础上，能量风教室进一步将教室布置板块与教室空间相结合，明确其所使用的空间及用途，为进一步打造富有韵味的教室明确了任务。

| 图解 | ①教室门
②讲台
③前黑板
④后黑板
⑤中学生守则 | ⑥小绿板
⑦大绿板
⑧学生座椅
⑨窗户
⑩墙面 | ⑪学生储物柜
⑫卫生储物柜
⑬空隙 |

能量风教室空间利用图

能量风教室的空间选择

板块	可供选择空间	用途说明
学科板块	⑩墙面	三个学科编辑部成员，选定自己编辑部需要布置的墙面，制定规则后，按照规则进行布置。
阅读板块	⑪学生储物柜	图书角：图书管理员选定图书摆放的几个位置，定期进行更换。
		心灵信箱：心理委员选定一个摆放心灵信箱的位置。

续表

版块	可供选择空间	用途说明
阅读板块	④后黑板	黑板报：宣传委员定期组织队员完成黑板报。
	⑩墙面	每日趣味大PK：选定一块墙面，自贴可擦除小黑板。
	③前黑板	每日一积累：把前黑板进行分割，教师上课用不到的地方进行每日一积累的更新。
评比板块	⑥小绿板	把小绿板分割成三部分，分别张贴荣获本月"劳动之星""学习之星""进步之星"的同学照片。
	⑩墙面	选择教室门正对着的墙面，张贴班集体及同学个人获得的奖状。
劳动板块	⑬空隙	阳光菜园：利用空隙的部分，摆放一张课桌，上面摆放长条菜园，阳光充足。
	⑫卫生储物柜	垃圾分类：在卫生储物柜上做好垃圾分类的标记；张贴操作规则。
作品展示板块	⑩墙面	余下没有被利用的墙面都可以作为作品展示墙。
	⑦大绿板	根据不同的主题进行布置，布置的材料为学生的作品。
	⑨窗户	配合节日，可选择展示一些合适的作品，如剪纸等。

3. 运用多元评价，提升班级主题布置效能

在班级主题化教室布置的过程中，过程性评价显得尤为重要。它不仅能够及时反馈学生在参与布置过程中的态度、技能和创新能力，还有助于教师洞察学生的潜能或不足，从而及时调整教育策略，更有效地指导学生，帮助他们深入理解班级主题的内涵，发挥创意，提升实践能力，同时激发学生的主动性和参与感，使他们更加热情地投入到班级文化的建设中。

因此，在班级主题化教室布置中，班主任不仅要重视终结性评价，而且要有效地实施过程性评价。评价量规的设计能够帮助班主任更好地推动主题化教室的打造。在评价量规的设计中，既要满足终结性评价对于知识、情感和行为发展的关注，又要发挥过程性评价的激励和改进功能；既要评价小组

合作的效能，又要评价个人参与的贡献。评价量表见下表。

教室布置评价量表

组别	负责岗位	负责人	岗位表现	自评等级	他评等级	师评等级
小组总评：			改进方向：			

总之，开展教室环境文化布置的专项研究，是班主任专业发展的重要组成部分，有助于教师深入研究学生，并利用环境资源进行班级文化建设，打造富有凝聚力的班集体。同时，也有助于提升学生的劳动服务意识、创新实践能力、信息素养能力，为培养新时代社会主义建设者和接班人打下扎实的基础。

第二节

学科育人：构建以美润德的教育生态

作为班主任，不论教哪个学科，都可以充分发挥自身专业优势，挖掘学科内涵，将德育融入日常教学中，促进学生全面发展。《中小学德育工作指南》指出："充分发挥课堂教学的主渠道作用，将中小学德育内容细化落实到各学科课程的教学目标之中，融入渗透到教育教学全过程。""音乐、体育、美术、艺术等课要加强对学生审美情趣、健康体魄、意志品质、人文素养和生活方式的培养。"在教学过程中，班主任要有意识地将德育内容与学科知识相结合，关注学生核心素养的培育。例如，语文老师可以通过讲解文学作品，引导学生领略其中所蕴含的家国情怀、道德观念；数学老师可以借助数学公式和定理的严密性，培养学生严谨求实的科学精神；历史老师则可以通过讲述历史人物和事件，让学生从中汲取道德养分，树立正确的价值观、人生观。作为美术老师，发挥学科特长，以美导航，以美润德，一直是我努力的方向。

一、把"美"的种子播撒在学生的心田

20多年前，我所在学校的大部分家长还相对比较保守，再加上美术当时被称为"小三门"学科，学生不重视，家长不接受，有的家长甚至直言不讳地说"学美术没用，把语数外学好就可以了"。面对这种情况，我想如果连

我自己都不重视自己所带的学科,那么就没有人会重视。于是我向学校申请开设美术社团课程。学校给了我一个仓库用作画室,我用了好几天时间将它清理干净。没有写生的静物,我就动员学生变废为宝,搜集家里废弃的酒瓶和瓶瓶罐罐,把它们带到学校当作写生的静物教具;没有石膏像,我就利用双休日乘公交车再步行到福州路文化街购买石膏像。由于石膏像比较重,一次最多背一两个,我来回跑了好多趟,才布置出一个像样的画室。

当时,愿意学美术的学生不多,即便是免费的双休培训班,

在画室教授学生素描

也只有几个孩子勉强跟着学习。后来,有几个学生考进了美术专业学校,还有的通过努力,参加了"三校生"联考,最终进入美术院校或其他高校。这些"不走寻常路"的学生作出了榜样,激发了其他学生学习美术的兴趣。

为了让学生开阔眼界、增长见识,我常常利用双休日带着学生到江南水乡写生,到博物馆、画廊观看名画和美术展,到图书馆和书城阅读。当时我的工资并不高,一次带十几个学生出去,吃饭加上车票,一个月的工资所剩无几,但我却乐此不疲。和学生们在一起,我满腔热忱。

带领学生观看美术展

我还鼓励学生参加各种美术大赛,利用业余时间辅导他们创作。看到他们比赛获奖,我比自己获奖还要开心。有些比赛由于参加名额有限,我就千方百计地和主办方沟通,为学生争取更多的参赛机会。

其实，我做这些，不为功名，而是想激发学生对绘画的兴趣，让他们学会坚持，体验美、感悟美、创造美，把"美"的种子播撒在学生心田。

二、在"美"中形成自信心和自主性

苏霍姆林斯基曾说："只有能够激发学生去进行自我教育的教育才是真正的教育。"作为美术老师，我也可以发挥自身的专业特长，激发学生自主管理和自我教育。有识于此，我在教育教学中积极尝试，并取得了明显的效果。

1. 发现学生长处，寻找新突破

素质教育要求学校注重培养学生的创新精神和实践能力。在班级工作中，我发现有些学生虽然工具学科的学习成绩不突出，甚至有的还比较薄弱，因而缺乏学习自信心，但他们在绘画方面却有潜力。作为美术老师，我决定利用自己的专业优势，为他们发展个人的兴趣爱好搭建平台，帮助这部分学生重拾学习自信。经过比较系统的培训，这些学生学有所成，不少学生在区、市艺术节和各类美术比赛中屡获殊荣。据不完全统计，20多年来，我辅导的百余名学生先后以优异成绩考入美术专业学校，如今不少人已走上工作岗位。这些"成功者"中，有一大部分是当年的学困生。

"尺有所短，寸有所长"，我为学生开辟的成长通道，不仅提高了他们学习的自信心，而且让他们懂得：也许自己某些学科的成绩并不理想，但是每个人都有自己的特长优势；挖掘潜能，扬长避短，自己也可以找到突破口，不断努力，就可以在擅长的领域里拥有属于自己的一道风景线。

2. 巧用乡土资源，自主创新美

我校地处上海近郊，学生平时外出学习的机会相对较少。为了丰富学生对人文精神的切身体验，陶冶情操，我经常组织学生外出活动，让学生在大自然中感受美、理解美、创造美。基于各年级学生的不同特点，我探索灵活多变的教学方式，重视学习兴趣的培养，提高学生感受生活和发现美的能力。这些年，我尝试通过三种途径开展学科实践活动：一是充分利用学校组织的春秋游机会，启发学生留心观察大自然，用心发现、捕捉生活中的难忘镜头；二是组织学生外出写生，用画笔记录身边的美景，体悟城市的变迁和家乡的发展；三是注重寻找各种艺术展览的信息，及时提供给学生，让他们自由组合，在休闲时前去参观考察，走进艺术殿堂。

学生外出写生

这些年，我先后带领学生前往上海植物园、七宝老街等地采风，我们在池塘边采芦苇用于手工制作，收集各类植物的叶子创作叶画，利用各种豆类制成"彩豆画"……每次外出实践，学生都收获满满，审美能力和创造能力得到提高，热爱大自然、热爱家乡的情感油然而生。

三、以"美"为抓手开展班级德育

在美术教学中，绘画占有很大比例。教师可以运用多种教学手段，让学生通过临摹作品，在学习线条组织、形体塑造、色彩协调、构图平衡的同时，认识、体会美术作品的艺术美，以进一步感悟人生的真和善。画画，是一种艺术实践。一幅完整的线条造型或素描作品，需要绘画者平心静气、一丝不苟地操作才能完成，而这一过程有助于培养学生严谨、认真的学习态度。由此看来，发现并抓住美术教学与班主任工作的衔接点，努力结合学科特长对学生晓之以理、动之以情、导之以行，就能在班级德育中达到"润物细无声"的境界。为此，我在以下方面进行了尝试。

1. 欣赏名画佳作，激发爱国之情

欣赏美术作品，是提高学生审美水平和能力最为有效的教学措施，不仅能让学生扩大美的视野，丰富视觉形象记忆，对美的事物增加感性认识，而且具有陶冶情操、净化心灵、完善人格等更高层次的"超绘画性"教育功能。因此，我在上课时会根据教育内容引导学生欣赏著名画作，启发他们在品鉴中回顾历史、感受当今、思索未来。

比如，我发现重大历史题材的画作容易引起学生的共鸣，恰逢2009年是建国60周年，便在国庆节前的一节美术课上，用电子投影仪播放了油画家董希文于1952年创作的油画《开国大典》的照片，并逐个介绍天安门城楼上的开国元勋，讲述开国庆典中举国欢腾的史实。学生不仅欣赏了作品中的美，还通过作品了解了其背后的历史故事，接受了一次深刻又生动的爱国主义教育。由此可见，爱国之心是相通的，只要善于抓住教育契机，再辅以合适的教育方式，就一定能达到预期的教育效果。

又如，在纪念红军长征胜利70周年大型活动之际，我和学生一起欣赏了《过雪山草地》《强渡乌江》等一系列表现红军战士英雄气概的油画，并向学生介绍了当时的历史背景，分析了画面构图特点和画家的绘画风格。为了使学生在欣赏画作时多一份真切感受，我还把音乐引进课堂，让《长征组歌》悲壮、浑厚的旋律在他们的耳畔响起，促使学生透过凝固的油画，想象当年红军战士穿单衣爬雪山、吃辣椒抵御严寒、赤脚过草地、煮草根充饥的感人场面，激发学生强烈的爱国之情。

2. 品读名人故事，汲取精神养料

每个传世佳作的背后，都会有一个不同寻常的故事。这些故事，或催人奋进，或引人深思，是不可多得的教育素材。比如，北京2008年奥运会的吉祥物"福娃"诞生后，它的形象很快走进千家万户，为世人所喜爱。于是，我在课堂上引导学生理解"福娃"所包含的文化意义，并特别介绍了奥运会吉祥物的总设计师——韩美林先生的故事。这位艺术家在"文化大革命"期间受到常人无法想象的身体和精神折磨，但他却在苦难中奋起，与命运抗争，终于成为一代艺术大师。韩美林先生坎坷的经历、乐观的生活态度，以及不竭的艺术创造力，汇聚成一本厚厚的生活大书，每个人都能从中读出自己对人生的感悟。听了韩大师的故事，学生感慨颇多，对"福娃"有了更深刻的理解，对苦难的意义和价值也有了更生动的诠释。

有些学生不懂得同学之间应该和谐相处、共同进步的道理，不会正确处理人际关系。针对这一问题，我在班级开设了"小讲坛"，让学生用5分钟时间轮流上台讲述书画家的人生故事，引导他们进行自我教育。学生通过网络、电视、报刊等途径，广泛收集素材，分享故事。通过这种形式，学生了解了齐白石、张大千、徐悲鸿、梵高等美术巨匠的故事，体悟了名人故事中所蕴含的精神内涵。"小讲坛"也成了同学们期待的艺术课堂。经过一段时间的实践，学生不仅开阔了眼界，锻炼了口才，而且从艺术前辈们的故事中汲取了精神养料，懂得了为人处世的道理。

3. 精心设计练习，促进心灵成长

作业是教学的一个重要环节，是学科育人的载体。为了培养学生知恩感恩的美德，我经常在节假日到来时，给学生布置一项特别的美术作业——设计一份有创意的贺卡，送给需要感恩的人。在教师节、母亲节、父亲节、重阳节、元旦等节日来临之际，学生将自己学到的书画技能，以一颗感恩的心，倾注在贺卡上，并用五彩缤纷的颜料和各式字样，表达对师长的祝福。在一次以"成长"为主题的班会上，当学生向自己的父母献上亲手绘制的感恩卡时，家长们从简单的礼物中发现自己的孩子正在渐渐长大，感动地流下了眼泪。

随着年龄的增长，一些学生与父母的情感会慢慢疏远，有的学生还会有顶撞父母的行为。为纾解学生的叛逆心理，促使学生和父母多一些沟通，我又给学生布置了一项特别的作业——回家仔细观察自己的父母，给他们画一张肖像或拍一张照片。具体要求：必须展现父母劳作的情境，或者是家庭生活中最感人的一幕。由于选题宽泛，与家庭生活契合，学生都很认真地完成了。虽然他们的笔法和刻画显得很稚嫩，却画出了自己的心意，说出了自己的心里话。在作品展示课上，一个男生大胆讲述了自己的创作意图：

马上要初中毕业了，学习很紧张，平时和爸妈交流特别少。这次给父母画肖像，忽然发现妈妈的手指变粗了，爸爸头上也有了白发。我知道他们每天辛苦工作都是为了我，我要抓紧最后冲刺的时间，用出色的成绩给他们回报……

把感恩之情融入学生心灵深处，这是一种无声的德育，有利于促进学生心灵的成长。

四、将"美"融汇到生命教育中

美术学科丰富的人文内涵，决定它除了学习和训练美术知识技能外，还可以帮助学生汲取不同时代美术作品中所蕴涵的丰富的人文精神。在美术课中适时渗透生命教育能帮助学生认识生命、尊重生命、热爱生命、珍惜生命，领悟生命的价值和意义。

1. 艺术欣赏，切入生命教育

美术欣赏课能增加学生的美术感性认识，扩大美术视野，丰富视觉形象记忆。在美术欣赏课上，我常常引领学生欣赏中外名画、名作，了解其背景和历史，融入生命教育。

比如，在学习水彩画时，我借助多媒体带领学生欣赏了水彩画之父，德国画家丢勒的名画《祈祷之手》，并给学生介绍了这幅名作的创作背景和历史：这幅作品画的是一双粗糙的变了形的手。许多人也许并不知道，这其实是丢勒哥哥的手。15世纪，丢勒出生在德国纽伦堡附近的一个贫困的小村子里，丢勒还有个哥哥，兄弟俩都梦想当艺术家。不过他们心里很清楚，父亲在经济上绝无能力把他们中的任何一人送到艺术学院去学习绘画。最后他们决定掷硬币——输者到附近的矿井下矿四年，用他的收入供给到艺术学院求学的兄弟，而胜者则在艺术学院学习四年，然后用他卖出的作品收入支持他的兄弟上学，如果有需要，可能也要到矿场工作。丢勒赢了，于是他去学画画，哥哥则到危险的矿井。丢勒非常珍惜来之不易的机会，学习勤奋刻苦，很快便引起人们的关注，他的铜版画、木刻画、油画甚至远远超过了学院教授的艺术成就。临到毕业的时候，他的收入已相当可观。几年后，全家人举行晚宴庆祝丢勒学成归来，丢勒特意敬酒感谢哥哥，却发现哥哥的手因为辛苦劳作和病痛折磨而变形。兄弟俩泪流满面，丢勒连夜把哥哥的手画了下来，取名《祈祷之手》。

带领学生欣赏名画佳作

听着我的讲解，欣赏着名画，学生被丢勒兄弟的情谊深深打动。他们不仅对在苦难中求索的两兄弟充满了敬意，还体悟到了家庭的温暖和亲情的可贵，同时也更加明白了生命的价值和意义。

2.作品创作，渗透生命教育

近些年，我国先后发生了青海玉树大地震、甘肃舟曲特大泥石流、水灾、森林火灾等一系列特大自然灾害。结合这些事件，我在美术课上，引导学生"以画说话"，表达对灾区人民的关爱和对生命的思考。学生纷纷举起画笔，给灾区同龄人制作慰问卡，在哀悼日制作哀悼卡，以画为媒，传递自己的心声和对生命的关切之情。我以此培养学生悲悯的情怀、感恩的意识、健康的心理与倡导和谐社会的责任意识。

危难之时显真情，是因为学生平时受到了潜移默化的教育和"润物细无声"的熏陶。比如，为了提高学生的道德素质和思想觉悟，增强他们的民族自尊心、自信心和自豪感，我在北京奥运会落幕后将奥运精神融入美术课堂开展讨论，引导学生设计制作富有创意的奥运小报。学生的小报制作精美，不仅有漂亮的图案，更有感人的内容。学生视野开阔，创作出不少作品。例如，有学生以"世界需要和平"为标题画出了伊拉克短跑女运动员达娜·侯赛因的故事——为参加奥运会，达娜冒着被流弹击中的危险，穿着在约旦旧货市场买来的一双二手跑鞋，长年在破旧不堪的场地训练。美国女律师哈根得知达娜的故事后，为她寄去一双最新款跑鞋，并为其汇去了训练费及旅费。达娜在预赛中即遭淘汰，她说："参加奥运会，就是为了让伊拉克国旗在奥运赛场上高高升起，让全世界都能看到伊拉克人的坚强和勇敢，哪怕有再多的苦、再多的危险，我都会坚持跑下去！"通过这样的活动，学生不仅领悟了体育运动的深远价值，更理解了苦难中生命的坚韧顽强，也学会了珍惜生命、热爱生活。

3. 故事分享，融入生命教育

在古今中外的美术史中，流传着许多脍炙人口的名人故事。为了鼓励学生，我结合相关教学内容给学生讲述著名书画家的故事，如齐白石对艺术的执着追求和对生命的深刻理解的故事，使学生学习体会中外名家的高尚品格和刻苦钻研的精神。

让生命教育走进美术课堂，就是要抓住美术学科与生命教育的关联点，引导学生关注生活中的美好事物，用心感受生命的美好与生活中的奇迹，注重培养学生的审美能力和创造能力。在晓之以理、动之以情、导之以行的过程中更好地理解生命的本质和意义,从而更加珍惜和热爱生命,达到"润物细无声"的教育境界。教育学生要保护好人类生存的自然环境,要珍惜自己的生命,同样还要珍惜他人的生命,珍惜自然界一切生命。这样,人才能与大自然和谐相处,只有理解"道法自然",才能生活得有智慧、有尊严。通过理解生命的可贵,学会珍惜身边的一切。

附

来自20多年前的学生的一封信

敬爱的洪老师:

您好!

在青春的时光里,总有一些记忆,浮漾起淡淡的流光。

那时候我刚升入中学,发现学校有几位高材生老师,您就是其中之一。当年我们小镇比较落后,虽是上海近郊,但还是一片农村风貌。大家的家庭条件也都一般。在这样的条件下,我们接触不到好的教育资源,因为好的资源都在市中心。我们乡下郊区的孩子也很少去过少年宫,只是听说那里可以学舞蹈、学画画、学乐器……那时的我多么渴望有这样的机会,但是交通不便,父母工作忙,真是一个异想天开的想法。

进入中学后,我的身边出现了一位让我难忘的恩师,他年轻有为,才华横溢。他带我们看他的画作,我很吃惊。我的眼里开始有了希望,像是看到了一束光。我从小就喜欢画画,但平时也只是自己瞎琢磨,有事没事在纸上涂涂画画。那时的我特别喜欢上美术课,那是我最喜欢的课。之后得知学校有美术社团,我用箭一样的速度去抢报,生怕自己会错过。就这样,我顺理成章地成为了美术社团的一员。我记得当时班里还有一位很优秀的闵同学,老师您也一定记得。跟您学画画的日子是我一辈子都不会忘却的。您还组织我们参加学校和区里的美术比赛。让我印象最深刻的是您指导我的作品获得了区里比赛的第二名。我第一次觉得我的画得到了认可,心中的喜悦不言而喻。许多年过去了,我依然保留着当年的那份荣誉——您当年给我留的复印件，因为原件由学校保管。中考前我特地跑去向您请教，我是参加艺术类考试还是参加中考？您说我的成绩有希望考上高中，让我尽力一搏。但是让您失望了，我最后去了一所中专，也没来得及和您道别，就奔赴下一段人生旅程了。读中专时我也没有放弃自己，依然很努力，最后通过"三校生"联考，顺利考入了大专，也算没有辜负您的一片期望。

画画的爱好已然注入了我的血液，在人生的每一阶段，它都成为我能够亮得出手的牌，不管在学校里、工作中还是生活中，也让我对于美的理解和追求有所不同。感谢您在我人生路上的指引和点缀。您让我的心中开出一朵花——让我"美丽"动人。

即使后来一直没有机会碰面和联系，您也已然住进了我的心里。我从旁人那里听说您成为一名优秀的班主任，我默默为您高兴。我会骄傲地告诉我的孩子，您曾经是我的老师。

缘分总是悄悄地到来，我的孩子现在也在浦江一中。那天班主任老师发了课程表，我在上面清晰地看到您的名字。我有些激动，兴奋地跑去告诉孩子："你太幸运了，洪老师也是教过妈妈的老师。"听我讲述了我的故事，孩子也很吃惊，很兴奋。缘分又一次让我们联络上了。恰逢教师节得知这个好消息，虽然现在信息很发达，但都无法表达我内心的激动，我忍不住提笔给您写了这封信。在教师节来临之际，我祝洪老师事业蒸蒸日上、平安喜乐、事事顺遂！教师节快乐！

感谢、感恩、感念一辈子！谢谢您，洪老师！

您的学生　李沙沙

2023 年 9 月 8 日

第三节

活动育人：让学生在活动中健康成长

活动育人是德育的重要途径。通过参加多样化的活动，学生在实践中学习，在体验中成长，进一步提升自我认知、综合能力和社会责任感，有助于激发创新思维和实践能力，树立积极向上的生活态度，培养多元智能，满足个性化需求，从而能够从容地适应、自信地面对未来的机遇和挑战。因此，班主任应当充分重视活动育人的价值，开辟多种途径，精心设计各类育人活动，为学生展现自我、锻炼能力提供多样舞台，为他们健康地成长奠定坚实的基础。

一、顶层设计，解锁学生的成长密码

活动是学校生命力内涵的生动展现和外化表现，是学校德育工作的重要路径，其内容纷繁复杂，涵盖学科、心理、社交、艺术、文化等多个方面。对于班主任来说，活动育人不仅仅是完成学校或区域的教育要求，更应充分发挥主观能动性，做到高屋建瓴、精准施策、有的放矢、主动作为，以实现育人的深远目标。

《中小学德育工作指南》指出："要精心设计、组织开展主题明确、内容丰富、形式多样、吸引力强的教育活动，以鲜明正确的价值导向引导学生，以积极向上的力量激励学生，促进学生形成良好的思想品德和行为

习惯。"该文件对各类活动的开展进行了详细的阐述,明确了各种活动的要求。

《中小学德育工作指南》中的活动育人要求

类别	活动内容	活动要求
节日纪念日活动	春节、元宵、清明、端午、中秋、重阳等中华传统节日以及二十四节气。	开展介绍节日历史渊源、精神内涵、文化习俗等校园文化活动,增强传统节日的体验感和文化感。
重大节庆日活动	植树节、劳动节、青年节、儿童节、教师节、国庆节等。	集中开展爱党爱国、民族团结、热爱劳动、尊师重教、爱护环境等主题教育活动。
重要纪念日活动	学雷锋纪念日、中国共产党建党纪念日、中国人民解放军建军纪念日、七七抗战纪念日、九三抗战胜利纪念日、九一八纪念日、烈士纪念日、国家公祭日等。	设计开展相关主题教育活动。
主题日活动	地球日、环境日、健康日、国家安全教育日、禁毒日、航天日、航海日等。	设计开展相关主题教育活动。
仪式教育活动	中小学升挂国旗制度,升旗仪式,向国旗敬礼、国旗下宣誓、国旗下讲话;入团、入队仪式;入学仪式、毕业仪式、成人仪式等。	体现庄严神圣,发挥思想政治引领和道德价值引领作用,创新方式方法,与学校特色和学生个性展示相结合。
校园节(会)活动	科技节、艺术节、运动会、读书会等。	举办丰富多彩、寓教于乐的校园节(会)活动,培养学生兴趣爱好,充实学生校园生活,磨练学生意志品质,促进学生身心健康发展;结合学校办学特色和学生实际,自主开发校园节(会)活动,做好活动方案和应急预案。

续表

类别	活动内容	活动要求
团、队活动	少先队活动、学生社团、社团活动等。	加强学校团委对学生会组织、学生社团的指导管理。明确中学团委对初中少先队工作的领导职责,健全初中团队衔接机制。确保少先队活动时间,一年级至八年级每周安排一课时。 发挥学生会作用,完善学生社团工作管理制度,建立体育、艺术、科普、环保、志愿服务等各类学生社团。学校要创造条件为学生社团提供经费、场地、活动时间等方面保障。 结合各学科课程教学内容及办学特色,充分利用课后时间组织学生开展丰富多彩的科技、文娱、体育等社团活动,创新学生课后服务途径。

综上所述,班主任可以从重大节庆日、重要纪念日、主题日、仪式教育活动、校园节(会)活动以及团、队活动等方面出发,结合学生的年龄特点和成长需求,设计开展多样化的活动,实施道德教育、生命安全与健康教育、法治教育、中华优秀传统文化教育、革命传统教育、国情教育等,注重活动的系列化与层次性,增强活动育人的实效性。

二、校园活动,点燃学生的激情之火

丰富多彩、寓教于乐的校园节(会)活动,有利于培养学生的兴趣爱好,磨练学生的意志品质,促进学生身心健康发展。学校的读书节、体育节、艺术节、科技节等活动,是点燃学生激情、凝聚班级力量、增强集体归属感的有效载体。班主任要因势利导,顺势而为,将校园活动与带班育人相结合,提高学生的综合素质,促进其德智体美劳全面发展。

比如，2013年的校园体育节，为了让孩子们了解中国梦，我将班级入场式的主题定为"青春在行动，畅想中国梦"。我还专门买了一块特大的白布，让孩子们以"中国梦"为主题，在上面绘制了许多生动的图画。入场式当天，经过主席台时，全班学生高高托起画布行进。前进中，我们有队列变化，有队伍造型，有响亮口号，成了体育节开幕式上的一大亮点。2014年，我们又在运动会的入场式上摆了中国龙的造型，每个学生是一段龙身，加上龙头、龙尾，一条活灵活现的"中国龙"展现在了大家的眼前。我腰拴一面大鼓，走在班级队伍前列。来到主席台前，龙队随着鼓点的节奏，时而飞舞腾跃，时而变换队形，把风采和自信展现得淋漓尽致。我们又一次荣获体育节入场式最佳创意奖。这些校园活动激发了师生的激情和创意，增进了师生关系，提升了班级的凝聚力，为班级的建设与发展奠定了良好的基础。

班主任在校园活动中要善于发现学生的闪光点，给他们搭建展示自我的平台，扬长补短，在活动中点燃激情、提升自信，获得更快、更好的成长。比如，刚上初中的孩子在还没有完全适应初中生活的时候，就迎来了初中阶段的第一次体育节。他们还带着小学生的稚嫩，所以第一次体育节入场式上，我们主打一个"可爱"，如在某次体育节开幕式上，作为六年级班主任，我将班级队形设计成一朵写意牡丹花的造型，配合道具，学生像花瓣一样次第开放，精彩的呈现赢得了主席台前老师们的阵阵掌声。比队形更可爱的是学生们震耳欲聋的口号声以及他们喊口号时的夸张表情，特别是其中一个男孩——入学一个月，上课说话，作业也完成得不好，活脱脱一个"调皮鬼"。但无意中拍下的一张照片（见下页图），让我有些许感动，因为我读出了他的可爱和强烈的集体荣誉感。喊口号时他使出了浑身解数，声音也是最洪亮的一个。他的这一特长被发现后，我便让他担负起在入场式上组织全班带头喊口号的角色，直到他初中毕业。

校体育节入场式上卖力喊口号的男孩

活动不仅让学生们得到了锻炼,也帮助学生找到了自信。班里有个女生刚入学时有些腼腆,后来经过一系列的活动锻炼,变得愈发自信、阳光。下面这张照片是体育节入场式她手捧鲜花入场时被抓拍到的,灿烂的笑容、自信的表情打动了许多人。后来这张照片成为校园网红照片,入选学校70周年校庆的画册。这些活动,不仅让学生获得了成长,更让我认识到,每个孩子都有自己的特质,都是独一无二的。

校体育节入场式上的灿烂笑容

为了锻炼学生的语言表达能力和活动组织能力，在起始年级，我往往会利用主题班会课和10分钟队会的时间，定期组织开展班级"自信少年演讲台"活动，每期给学生一个关键词或主题，鼓励学生进行1分钟自由发言。有个男孩经过一个阶段的锻炼，各方面能力均得到了明显的提升。一天他找到我，嗫嚅着说："老师，我想竞选班长，但我成绩还不过硬，可以吗？"我回答他："当然可以。成绩只是一方面，当班长更需要以身作则，需要在集体中有较高的威信，需要有较强的组织能力和表达能力，当然成绩也很重要。你可以尝试竞选，用真诚和实力打动同学们。"后来，通过"自信少年演讲台"的展示，他成功当选班长。当时的他，个子小小的，大概只到我肩膀处。四年后，中考时，我去考点送考，利用休息间隙我给他拍了一张照片留念，那时的他已是1.85米的小伙子，我只到他的肩膀处。过了几年，他上大学后又来看我，兴奋地告诉我："老师，我现在1.92米，是国家二级篮球运动员……"我想，做老师、当班主任的幸福感也许就在这里，特别是当年很多男生刚入校时身高只到你的肩膀处，毕业时可能你的身高只到他们的肩膀处，这时，一种莫名的感动和职业幸福感会油然而生。

学生参加"自信少年演讲台"活动

与考上大学的学生合影

多种多样的活动不仅丰富了学生的学习经历，还为他们提供了全面发展的机会，引领学生打开认识世界、改变世界的新视野，培养了创新思维、实践能力以及团队协作精神，增强了他们的社会责任感和集体荣誉感，让他们能够发现自己的兴趣和潜能，提升他们的自信心和自主管理能力，激发他们成为更好的自己的动力。活动，让成长自然而真实地发生。

三、社会实践，让学生在体验中成长

在带班育人的过程中，说教的教育效果是微乎其微的。巧妙利用生活中的资源和身边的可用素材，开展体验式的活动，让学生在活动中感悟，在体验中升华，才能收到良好的教育效果。

除了固定的社会实践活动，如春秋游、劳动实践、研学等学校或上级教育职能部门安排、组织、布置的实践活动，班主任不妨结合班情和学情开展一些个性化的实践活动，这些活动，对学生的成长有着不可或缺的作用。

2010年上海举办了举世瞩目的世博会，主题是"城市，让生活更美好"。

除各国的展馆之外,世博会志愿者"小白菜"给游客们留下了非常深刻的印象。当年我带八年级,在班集体建设中,如何引导学生学习并践行奉献友爱、互助进步的志愿者精神呢?我鼓励他们积极走进社区,服务他人,奉献社会。

学校附近有一个大型卖场,经过前期考察,我认为它是一个适合开展社会实践的场所。暑期里,我组织策划了由教师、家长、社工、学生共同参与的"城市,因我更可爱"的志愿者服务活动。冒着

学生在卖场内整理商品

室外39℃的高温,服务队以卖场及周边社区为服务基地,分成若干个志愿服务小分队。有的学生在家长志愿者的带领下,在交通要道引导路人文明行车,安全过马路,分发自己设计的交通安全漫画手册;有的学生在停车场引导大家规范停放电动自行车,帮助有困难的顾客;有的学生在电梯出入口宣传文明乘电梯;有的学生在收银台旁清理手推车,发放自己设计的低碳生活宣传海报;有的学生则在货架旁整理零乱的货物,倡导文明购物。这次活动得到了卖场负责人和顾客们的高度评价,不仅让学生们践行了志愿者服务社会、奉献他人的精神,而且激发了他们"低碳生活,从我做起"的社会责任感。

学生在卖场外清运手推车

为了巩固活动的教育效果,我还安排了一次交流活动,邀请参与实践活动的家长、老师共同参加。交流总结会上,气氛轻松愉悦,同学们争先恐后地将自己制作的实践活动电子小报向大家作了展示,分享他们的点滴心得。比如,平时不善言辞的 A 同学腼腆地说:"这是我第一次做志愿者,体会到了当志愿者的辛苦和快乐,但美好的生活不能单单靠志愿者的单向付出,而是需要我们每一个人共同努力,美好生活需要我们一起创造!"B 同学说:"在本次活动中,我学到了在学校里学不到的知识——热心为社会服务,帮助需要帮助的人,哪怕给身边的人一个灿烂的笑容,也是让人感到快乐的!"家长们也纷纷发言,C 同学的妈妈激动地说:"世博会,我带儿子去过好几次。可我参加了活动才知道,志愿者站在太阳底下有多辛苦!'小白菜'们真是太伟大了!"D 同学的家长特地请假参加这次活动,他动情地说:"和女儿一起参加活动,我也深受教育,希望孩子们能把这种精神延续到今后的学习和生活中……"

每次带起始班级的时候,很多学生的学习习惯和生活习惯还没养成,如有的学生不会整理学习用品和书籍,书包、桌斗像个垃圾箱;有的学生还不会扫地、拖地等。如何改变这些现状呢?我想到了学校附近的武警部队。一次偶然的机会,我了解到军营里的生活情况,便产生了带学生去军营参观学习的念头。

通过多方联系沟通后,我带着学生、家长和志愿者如愿走进军营。这次机会很难得,我想仅仅参观一下,未免太可惜,便在制订方案时还设计了一些活动。比如,在交流互动环节,我班的"长笛王子"为大家献上一曲《扬鞭催马运粮忙》。武警部队的文艺骨干也为我们带来了吉他弹唱《外婆的澎湖

师生军营观看演出

湾》。这些热场活动，一下子点燃了学生们的热情，他们叽叽喳喳，异常兴奋，但坐在后面的武警官兵却坐姿挺拔。我没有当众呵斥学生，只是扬起手示意他们看看武警叔叔是怎么坐的、怎么观看演出的。也许是有了行为参照，学生们也迅速挺起了腰背。这就是榜样的力量。

热场活动结束后，我们参观了军营。我们首先参观了阅览室，学生们用"井井有条""一尘不染"来形容。我说："我希望以后我们班的阅读角也是如此整洁、美观。"接着我们陆续参观了电脑室、学习室、荣誉室等，重点是卧室。当学生们看到叠得像豆腐块儿似的被子时，连连发出"哇"的惊叹声。

仅仅参观学习，教育效果可能还不明显，我提出想让学生当场体验一下。首先，我们请武警战士现场展示叠被子的方法，然后手把手教学生如何叠，最后我们现场进行了叠被子大赛。活动前，我采购了许多奖品，由武警战士们现场评选出一二三等奖。

通过亲身体验，学生们了解了军营文化，同时也认识到良好的行为习惯对个人、集体的重要作用。

最后我们参观了部队的盥洗室。看着摆放整齐的牙具、毛巾、肥皂盒以及贴了姓名的脸盆等洗漱用品，学生们纷纷竖起了大拇指。

参观结束后，为了巩固教育效果，我们进行了现场总结分享会。除了学生，家长、志愿者代表、部队领导和学校领导都作了交流发言。我们还送上了学校时任校长汤林校长的书法作品表达谢意，为本次军营探访体验活动画上了圆满的句号。

苏霍姆林斯基曾说："当我们的学生在离开校园的时候，带走的不应该只有知识，更重要的是对理想的追求。"对学生的教育和培养，仅仅依靠说教是不够的，只有充分利用资源，结合学情开展个性化活动设计，尤其在社会的大熔炉中，开展体验式活动，才能让学生得到真正的锻炼，才会有深切的体会，进而上升为道德认知，化为道德行动。

除了以上列举的活动，班主任还可以结合学校所在地附近的资源，开发符合校情、学情的研学活动和主题教育活动。比如，为进一步学习贯彻习近平新时代中国特色社会主义思想以及习近平总书记关于学习"四史"(党史、新中国史、改革开放史、社会主义发展史)的重要论述,自2020年5月起,在上海市闵行区教育党工委、区教育局的推动下,"四史"教育不断走进学校、走进课堂,我区师生开展了一系列丰富多彩的"四史"学习活动。我利用学校周边富有历史底蕴和江南文化的水乡古镇召稼楼、社会主义新农村的典型代表革新村等家门口的优质资源,组织学生开展了一系列富有乡土特色的"四史"研学活动,并由学生将研学成果改编为情景剧,在不同场合进行展演,取得了良好的效果。2020年12月18日,"倾情育人守初心,知史爱国担使命"闵行区青少年"四史"学习教育表彰展示活动在我校举行。我们编排的"四史"研学教育活动情景剧结合小组探访活动,以微队会形式,作为优秀研学成果登台展示。同学们以学、看、听、说、画、写等形式表达对家乡发展变化的喜悦、对革命前辈的敬意、对祖国发展的憧憬。

附

上海市闵行区"四史"学习微队会展示脚本

活动主题:倾情育人守初心,知史爱国担使命

活动时间:2020年12月18日下午

活动地点:上海市闵行区浦江一中百花剧场

展示人员:洪耀伟、胡亦婕、顾博文、陈朱嘉悦、孙以奇、徐天远、宋婷婷

洪耀伟:同学们好!首先,洪老师祝贺大家在"四史"学习系列活动中收获满满。在研学活动中,大家以小组为单位探访了不少场馆和地方。大家来谈一谈印象深刻的学习感受吧。

胡亦婕:老师,我们小组去了召稼楼古镇,参观了那里的礼园、梅园、礼耕堂等著名景点,了解了召稼楼悠久深厚的历史底蕴。我从小就是在召稼楼长

大的,那里诞生了许多历史名人,有秦裕伯、叶宗行、奚燕子等。我为能够在这样一个文化气息浓厚的古镇地区长大感到十分骄傲。

顾博文:老师,我是革新村人,从小在革新村长大。这次,我带着小组成员探访了自己生长的村庄。革新村是浦江镇一个典型的社会主义新农村,具有十分优越的生态环境。习爷爷说,"绿水青山就是金山银山"。我为能够在这么美丽的环境里长大感到十分自豪。

洪耀伟:说得真好!我们常说热爱祖国,我想就是要先从了解家乡、热爱家乡开始!还有学生想要发言吗?

陈朱嘉悦:老师,我们小组去了国歌展示馆,知道了国歌诞生于1935年这一民族危亡的时刻,也了解了国歌背后许多英雄人物的感人事迹。此后在每周一的升旗仪式上,当我再次唱响国歌时,心中的感觉就更加不一样了。

孙以奇:我们小组参观了中共一大会址,了解了一大会址背后的百年历史,还知道了许多英雄人物。

洪耀伟:讲到一大会址,我记得有一幅获奖的绘画作品中就运用了这一素材。是哪位同学啊?能不能给我们介绍一下你的作品?

陈朱嘉悦:老师,是我!这是中共一大会址,这是陆家嘴金融中心。我想通过将繁荣的陆家嘴金融中心和历经百年沧桑的中共一大会址进行对比,来突出没有共产党就没有新中国,没有先辈们的抛头颅洒热血就没有我们今天幸福安康的生活。

洪耀伟:你运用了不同的时空的对比映衬,刻画得也细致入微,非常棒的创意!除了研学,我校还开展了"四史"讲坛、红歌会、纪念抗美援朝战争胜利70周年故事会等丰富多彩的"四史"学习活动,大家也来说一说吧。

徐天远:那我来讲一讲"四史"讲坛吧!我记得李老师在讲坛中说过陈薇院士的感人事迹。在听完她的故事后,我深深地感受到了现代医学科技的强大之处。我也擅长科创,曾制作过一个智能硬件随身盒并获得了市级比赛中的一等奖。在听完陈薇院士的故事之后,我想我要向她学习,成为一个为科技强国努力的科学家!

洪耀伟:好一个"科技强国"!

孙以奇：老师，学校的艺术节就要开幕了，我也准备唱一首歌——《红梅赞》。

洪耀伟：听说你还扮演了江姐是吗？洪老师也非常喜欢这首歌，我们给大家清唱两句吧。（二人合唱）

宋婷婷：老师，今年是抗美援朝战争胜利70周年，我参加了"四史"故事会。你们知道吗，为了写剧本，我可是花了足足七个小时呢！原来我对抗美援朝战争并不了解，通过三四个晚上查阅资料，我被先辈们浴血奋战的感人事迹深深打动了。明天我就要在故事会上表演啦，大家记得来看哦！

洪耀伟：同学们，你们刚才说得都很棒。我想，学习"四史"就是要了解我们这个国家、这个民族的近现代发展史、奋斗史，就是要以史为鉴、以史明志，从而实现中华民族的伟大复兴。这需要我们每一个人为之努力，为之奋斗。让我们——

合：不忘初心，牢记使命，砥砺前行，为实现中国梦不懈努力！

第四节

协同育人：构筑家校社合力育人之桥

随着时代的发展，家校社三位一体协同育人日益成为一种教育共识，三者形成一股强大的教育合力。在协同育人的过程中，每个参与者都发挥着不可或缺的作用，将智慧、资源和力量汇聚在一起，为孩子们的成长提供丰富而宝贵的土壤。《中小学德育工作指南》指出："要积极争取家庭、社会共同参与和支持学校德育工作，引导家长注重家庭、注重家教、注重家风，营造积极向上的良好社会氛围。加强家庭教育指导，要建立健全家庭教育工作机制，统筹家长委员会、家长学校、家长会、家访、家长开放日、家长接待日等各种家校沟通渠道；丰富学校指导服务内容，及时了解、沟通和反馈学生思想状况和行为表现，认真听取家长对学校的意见和建议，促进家长了解学校办学理念、教育教学改进措施，帮助家长提高家教水平。"班主任在协同育人中发挥着沟通协调、组织参与和指导支持的关键作用，通过育人资源的充分利用、沟通渠道的有效建立、教育活动的组织参与、提供必要的家庭教育指导等方式，促进学校、家庭和社会之间的合作与互动，为学生的全面发展创造良好的教育环境。

一、联手任课教师，开展协同育人

学校是学生接受教育的主要场所，其教育理念、课程设置、师资力量等方面都会对学生的成长产生深远影响。任课教师则是学生学习知识和塑造人格的重要引导者。为能及时、全面地了解学生课堂学习的真实状况，我加强与任课教师的联系沟通，探索协同育人的方式，这对非工具学科教师担任班主任尤为重要。

1. 坚持进班听课，助力学科育人

进班听课，目的是了解学生的学习态度和学习表现，在某种意义上，也体现了对任课教师的支持。征得任课教师同意后，我就通过进班级听课，深入了解班情、学情。有一段时间，班上一部分学生对英语学科出现了畏难情绪。得知这一情况后，我及时与英语老师沟通，开始坚持每天听英语课。那一学期，我听了60多节英语课。由此，我基本掌握了班级学生的英语学习情况，也清楚了哪些学生有畏难情绪，并利用课余时间和学生谈心，寻找问题背后的原因，还配合英语老师精准地对困难学生进行辅导。经过我们共同努力，一段时间后，学生们的英语学习有了较大起色，期末考试成绩在年级中名列前茅。同时，学生的心理素质也得到了锻炼和提高，他们将"不抛弃，不放弃"作为自己学习生活的座右铭。

古人说"勤能补拙"，我坚信"以勤补'缺'"，即以勤于听课，补上对学生学习情况了解的缺失。多进教室听课，不仅让我在第一时间掌握学生学习情况，而且也取得了学生和任课教师对班主任参与学科教学的认同，提高了学生学科学习的自觉性，形成了与任课教师协同育人的良性互动。这里要注意，进教室听课的前提是班主任以学习者的姿态争取任课教师的认可与支持。

2. 整合教育资源，形成合力育人

班主任如能主动从各门学科课程中发掘班级德育资源，往往可以取得事半功倍的教育效果。语文课程中蕴含着极其丰富的德育资源，我在班级活动中充分利用语文课提供的素材，开展相应的主题教育。比如，为丰富学生人文素养，我利用班会课时间组织学生围绕某个主题进行诗歌朗诵、成语故事分享、剪报收集、手抄报制作、辩论、演讲等比赛。这些活动，既能丰富学生的语文知识，培养他们的素养和能力，又能潜移默化地对学生进行思想品德教育。

我还根据各门学科课程的特点和教师的教学特长，加强育人合作。比如，我邀请道法教师对学生进行时政学习指导，让学生在午自修时间开展"时事播报"活动，发布当天时事政治和新闻。当学生用稚嫩的声音将北京冬奥会、党的二十大、国产大飞机C919、"九章三号"光量子计算原型机、"一带一路"十周年等新闻播报出来后，全班为之动容。这一活动不仅培养了学生关心国家大事的好习惯，而且锻炼了他们的语言表达能力，两全其美的教育效果得到了任课教师的高度评价。

一、争取家长合作，开展联合育人

基于真诚互动而建立的信任关系，是家校合作的重要基石。当好班主任的关键是建立并维护与家长的信任、合作关系。这种信任不是表面的礼貌或客套，而是深植于心、基于相互尊重与理解的心灵交流。我认为，班主任应该主动"出击"，以实际行动赢得家长信任，促进家校相互理解与支持，共同为学生的健康成长营造和谐的环境。

1. 落实深度家访，取得理解信任

家庭是青少年成长的第一所学校，父母是孩子的第一任老师，家庭对孩子的影响是潜移默化的。家庭教育是确保学校教育取得成功的首要条件，学校教育和家庭教育密切配合，才能产生良好的教育效果。所以班主任的一项重要工作就是和家长建立经常性的联系，与家长达成教育合作。家访是家校合作的最重要途径，也是家校沟通的基础性工作。

作为美术老师，我有初为班主任时遭遇的尴尬经历。在新生入学的家长会上，我受到家长的当场质疑：美术老师怎么能做班主任？我要把孩子调到别的班级。面对家长们的质疑，那天晚上，我辗转反侧，彻夜难眠。第二天，当我再次面对40多名学生时，心情依然非常沉重，但是看到一双双亮

闪闪的眼睛充满希冀地看向我，我深呼吸一口气，告诉自己：我不能让这些孩子失望！40多个孩子就是40多个家庭的希望，我要加油，也要用实际行动让家长放心。既然"山"不就我，那便我来就"山"。为此，我利用下班后和节假日的时间走访了全班每一位学生的家庭，主动与家长沟通，让家长了解我的育人理念和带班设想。在学会换位思考、理解家长苦心的同时，家长们也从中感受到了我对每个学生的诚心和爱意。

我自家访工作起步，以耐心、诚心、热心的沟通，逐渐取得家长的理解与信任，赢得他们的尊重和支持。家访也让我更全面地了解学生，了解学生所受的家庭教育，了解学生的个性特点、需求和困难，提升了家校共育的合力。

高质量家访能够有效促进家校之间的交流，大幅提升沟通协商效果，获得家长对班主任工作的理解与支持，达成更好地教育学生的共识，形成家校合力。家访作为当前班主任常用的家校联系手段，其实也有实用的小妙招。

（1）因事制宜，选择不同的家访形式。

家访一般有三种基本形式：普访、随访和定访。做好家访工作，应该根据不同的事项或目的，选择最为恰当的形式，提升家校沟通的效果。

①普访。

普访是对全体学生的普遍家访。班主任接任新班或开学之初多采用这种形式，可以快速沟通师生感情，了解学生基本情况，为班级工作打下良好的基础。

普访的目的是了解学生的学习情况和家庭情况。要教育好学生，带好一个刚接手的班级，先得了解学生的学习和生活状态。当然，带班途中或重要时间节点（如九年级寒假期间等）也可以进行普访。比如，2008年1月，上海下了一场多年未遇的大雪。那年我恰好担任九年级班主任，再过半年，学生就要毕业了。虽值寒假，但我仍骑着自行车对全班35名学生进行普访。我依据学生学习进展情况，与家长沟通，让家长有的放矢地帮助孩子做好人生中的第一次选择——中考和升学志愿预填报。当我用冻僵了的手指敲开学生家门时，学生、家长都非常感动。自然，他们也对我日后的工作更加理解和支持。

②随访。

随访是发现"苗头（问题）"随时家访，它可以起到及时通报情况和合作教育的作用，促进班集体建设稳步发展。

③定访。

定访是班主任与家长采用合同式的访谈法，定期联系，加强沟通与交流。它适用于情况有些特殊的学生。

（2）换位思考，尊重他人是互相理解的前提。

①家访要有计划。

"凡事预则立，不预则废。"意思是说，不论做什么事情，如果事先有个打算，就容易达到预期的目的。同样，家访也要制订出切实可行的计划。

②家访要选择适当的时间。

家访时间的选择很重要，如果选择不当，将直接影响家访的效果。随着时代的发展，人们的隐私意识越来越强，再加上大部分家长工作繁忙，所以家访前要事先电话预约，选择家长方便的时间前往。

③家访要有充分准备。

每次家访的主题和内容，班主任应作好充分准备，这样见到家长时才能有话可说，有的放矢。比如现在居家环境卫生越来越好，家访时我坚持自备鞋套，进门前先套上鞋套，这样既免去了换鞋的不便，也避免给家长添麻烦。

尽管现在通信手段、网络平台很发达，但我还是乐意和家长面对面交谈。每次家访前，我都会做足功课，除了自己了解的学生情况，还从任课教师们那里征集信息，做到有备而访。除了单独家访，我还尝试邀请任课教师一起进行联合家访。有时是和某位教师一起走访，有时是所有任课教师全体出动。我认为，班主任掌握的学生信息虽然比较多，但难免有局限性，甚至有片面性，与任课教师联合家访，则能很好地弥补这一不足，因为他们的意见往往更有针对性和实效性。这样，学生家长也会觉得老师们很重视自己的孩子，从而更加支持和配合学校的工作。

④交谈要讲究方法。

教师和家长谈话要开诚布公、直率坦诚。谈学生问题时，不告状、不夸大学生的缺点和错误。先谈谈学生的优点，再谈缺点，然后导入正题。另外，向家长反映问题要客观公正，必要时可让学生在场。

⑤家访地点可灵活。

家访，顾名思义，大多要到学生家中访问，但有时也会因种种原因不便到学生家中家访，这时我都会选择尊重家长，请家长来学校或定在咖啡馆、茶馆。有一次，我还和家长相约乡间小道，傍晚散着步完成了家访。

所以，要使家访取得良好的效果，必须根据学生、家长不同的心理特点和实际情况分层次进行。尊重家长和学生，以情感人，以理服人，营造一种和谐友好的气氛，使家长在愉悦的谈话中转变教育观念，理解老师的良苦用心，领悟到教育子女的方法。此外，班主任不仅在学生出现问题时需要家访，当学生取得较大进步与成绩时，也可以去家访，此时的家访往往对学生的教育效果起到事半功倍的效果，对家校合力育人的促进作用也会更大。家访是一门学问、一门艺术，班主任应做好细致的工作，勇于探索、尝试，定能收到明显效果。

2. 开展科学指导，获得支持配合

赢得家长对学校教育的支持，是家校合作成功的关键。作为班主任，有责任适时、适当地对家庭教育进行指导。比如，男生小Z任性倔强，凡事父母若不满足他的要求，就去爷爷奶奶那里哭闹撒泼，不达目的誓不罢休。造成其任性、倔强的症结在于：爷爷奶奶过于溺爱，父爱又相对缺失。针对小Z的行为表现，我给孩子爷爷奶奶讲述了一些负面教育案例，让他们意识到溺爱的后果。同时，鼓励小Z的父亲读一些家庭教育专业方面的书，从中明白父亲在家庭教育中的重要性，促使他担起父亲应有的教育责任。经过多次努力，小Z的家庭教育发生了可喜的变化，慢慢地，小Z不再像过去那样任性倔强了。

拓展家校沟通的时空，除了传统的上门家访，还可以利用发达的网络系统、智能手机等进行线上家访。它们是家校联系的好帮手，更加方便、快捷。班主任可经常与家长通过微信、钉钉班级群、钉钉"班级圈"等途径进行沟通交流。每逢节假日，我都会把各科作业汇总后第一时间发给家长，请家长督促孩子及时在假期中完成。对一些工作十分忙碌的家长，我还特别建立了网络群交流平台，方便他们随时了解孩子在校情况。便捷高效的沟通渠道，让家校保持密切联系，家长能随时参与学校教育过程，为孩子的健康成长提供更多的信息与建议。

3. 高质量家长会，赢得信任合作

召开家长会，虽是传统的家校沟通渠道，但其面对面交流的效能，是其他方式所难以企及的。让每位家长都知道自己孩子与众不同的长处，学生就会得到父母的鼓励，家长对教育孩子也会更有信心。

高质量家长会，让家校沟通与合作更加顺畅，能快速、有效地构筑起家校合力的育人之桥。如何召开高质量家长会，是班主任的专业基本功，也是一门学问，更是一门艺术。高质量家长会，既要注重实效，又要充满仪式感，既要切合家长实际需求，又要在内容和形式上进行创新。如此，家长会才能更加科学有效，也更受学生家长的欢迎。

（1）高质量家长会要关注家长的诉求。

想开好家长会，先要关注家长的诉求，倾听家长的心声。在一项关于家长会的问卷调查中，家长如是说：

家长A：我认为家长会不是汇报工作，也不是表扬和批评大会，而是合力解决孩子成长中的实际问题。

家长B：家长会要有话则长，无话则短，多听听家长的心里话和建议，以鼓励为主。

家长C：我希望能听到老师在家长会上针对我家的孩子作具体情况的分析，摆事实，讲道理，说问题，指方向。

家长D：我更想知道面对孩子的问题时父母该怎么办。我觉得家长会应该是对家长教育孩子的一种指导。

……

通过调查问卷，我们不难发现：家长在家长会上最想听有关自己孩子的正面的、真实的信息，最怕听到有关孩子负面的信息，最反感只表扬"优生"，当众批评自己的孩子。有的家长希望家长会以鼓励为主，有的家长觉得家长会要能解决问题，有的家长希望形式活泼一点，有的家长则希望给孩子一些展示的机会……虽然众口难调，但大多数家长都期待班主任在家长会前精心准备，期待与老师沟通交流，获取更多有关孩子的信息和对家庭教育有帮助的指导。

（2）高质量家长会的内容及流程。

①分享学生成长，多鼓励、多表扬，并展示实例、图片或视频。

家长会的内容除了汇报学生近期学习方面的表现和成绩，还可以多晒一晒、说一说孩子们的闪光点，比如家长会前，把学生日常的点滴表现用视频和照片的方式记录下来，在家长会上和家长们分享。如"他歌唱得不错""她舞跳得很棒""他在体育中经常为班级争光""她这种行为很有责任感"……引导家长多元评价自己的孩子，不唯分数论，让家长对孩子充满希冀。要相信学生身上的每一个闪光点，都能成为班主任与家长沟通的话题。

②进行家庭教育指导，做到既有原理，又有实操。

③开展个别交流，与家长单独交流，充分沟通，正面引导。

苏霍姆林斯基曾说："每个孩子都是一个完全特殊的、独一无二的世界。"每个孩子都是一粒种子，只不过每个人的花期不同。有的花很早就能绚丽绽放，有的花则需要漫长的等待，有的花迟迟不开，是因为它本是一棵参天大树。教育需要有静待花开的耐心，也需要有因材施教的智慧，班主任要永远对孩子的多元成长抱有热切的希望与期待。

（3）高质量家长会要关注细节。

①设置指引牌。

对于起始年级来说，有些家长第一次来校可能找不到孩子所在的教室。

在校门口和校园内设置指路牌,或安排引导员,这些贴心的行为既能锻炼学生的交往能力,又能降低家长的疏离感。

②安排接待员。

可以设立班级接待员。接待员的任务是引导家长签名并将其带到自己孩子的座位上,让家长有一种被尊重的感觉。同时,也可以培养班级学生待人接物的能力。

③环境布置。

渲染气氛、烘托主题、传达信息等都依赖于环境的布置。家长会前,可以在教室黑板上进行宣传装饰,营造一种热烈而隆重的家长会氛围。

班级的黑板报也可以出一期家长会专版,既可以是教育教学的成果展示、学生们的心里话,也可以是素质教育的活动剪影等。班主任要放手让学生自主设计。对家长而言,他们更愿意看到自己孩子的作品被展示在班级的黑板报上。

家长会时黑板上的欢迎辞

④座位设置有讲究。

关于家长会座位的摆放,"口"字形、"回"字形或弧形都是不错的选择。可以在桌面上摆放学生的平时作业、优秀试卷和艺术作品。

为了营造轻松的氛围,班主任还可以在教室里播放背景音乐,帮助家长缓解局促和紧张的情绪。在条件允许的情况下,还可以准备茶水等。

家长会"口"字形座位设置（来源：莘松中学）

⑤交流形式要多样。

家长到学校参加家长会，想要了解自己孩子在学校的表现。所以，如果班主任能讲述一些真实发生在孩子身上的事，给出自己的教育建议，相信家长都会认真倾听。

为了让家长会开得更有成效，我努力改变过去那种单纯汇报，甚至批评指责的会议模式，致力于向家长传递新的教育观念，鼓励家长参与班级活动，并尝试运用新的科学评价方法，指导家长重视孩子非智力因素的教育培养。

交流形式上，可以由班主任讲，也可以邀请任课教师或学生介绍。比如，班级日常工作情况可以由班长汇报，班级文体活动情况由文体委员汇报，学习情况由学习委员汇报，班级管理和好人好事由组织委员汇报等。其实，最了解班级日常管理情况的就是学生自己，由学生汇报班级的各项活动情况，学生讲得开心，家长也听得舒心。

⑥留出互动的时间。

家长会上可以安排几名家长代表发言，这样家长参与家长会的积极性就会更高，这些发言也更能引起家长们的深思和共鸣。

一次家长会，一般安排

家长会上学生汇报班级情况（来源：进才北校）

2~4名家长代表发言为宜。家长可以从自身的经验出发，讲一讲和孩子相处的经验，辅导或督促孩子功课的方式或办法等。家长代表交流分享的时间不宜过长，3~5分钟即可。

（4）高质量家长会的其他方面。

高质量家长会不仅能引起家长内心的强烈共鸣，散会后，还能带给他们强烈的内心震撼。要让家长在会上有所思、会后有所悟，班主任应做好以下三方面的工作：

①用"榜样"引路。

榜样的力量是无穷的。家长会上可以请一些优秀学生的家长介绍教育经验，触动其他家长的内心，启发他们怎么成为一名好家长。家长可以是本班的，也可以是本校的，还可以是已经毕业的有代表性的学生家长。

②推荐书单。

家长会上或会后，可以向家长推荐一些家庭教育类的书籍，供家长自由选择阅读，还可以联合家委会开展家长读书沙龙、亲子共读等活动，提升家长家庭教育的能力和素养。

③分层家长会。

每当寒暑假来临时，我都会联合任课教师一起召开分层家长会。分层家长会有别于日常的家长会，即根据学生在本学期的学习情况和综合表现，分成若干小组，家长根据学生所在的组别，分时间、分批次参加小组家长会。这样，任课教师能根据学生具体的情况和特点，有针对性地进行指导，帮助家长更好地开展家庭教育，有的放矢地指导孩子安排好假期生活和学习。这种分层召开家长会便捷、高效，获得了家长们的一致认可。

三、关注特殊家庭，开展科学育人

探索特殊家庭学生教育的有效对策意义重大，不仅能引导特殊家庭学生形成积极的三观和健全的道德人格，还能帮助他们体验到安全感、幸福感和满足感，充分调动他们的上进心、自信心和责任心，增强其耐挫能力和自立意识，唤醒学生内心的热爱，激发学生内在的力量，从而促进特殊家庭学生阳光、健康地成长，提高其生命质量。

1. **特殊家庭学生的归因分析**

家庭是孩子成长中最重要的园地，是孩子成长的摇篮，如果摇篮出现裂痕，首先受伤害的就是孩子。每一个孩子都好比一棵树，他是长成参天大树还是弯曲生长，首先取决于有没有可以让他稳固根基的"土壤"，家庭氛围和父母的道德素质就是让这棵树生长的"土壤"。

特殊家庭学生主要来自单亲家庭、重组家庭、留守家庭、贫困家庭、复杂家庭等，可能具有自卑、焦虑、抑郁等心理情绪，容易出现易怒倾向、社交障碍等，产生学习动力不足、集体交往困难等问题，其背后折射出家庭教育的缺失以及学校社会支持的不足。为将"特殊"转化为"平常"，科学育人，我对特殊家庭学生专门作了归因分析（见下表）。

特殊家庭学生分析表

家庭类型	问题表征	心理特点	教育困境
单亲家庭	由于父母离异、丧偶等原因，只有一个家长抚养孩子。	自卑感：鉴于家庭的特殊情况，孩子可能会感受到自卑情绪，并因此缺乏自信心。 焦虑与抑郁：在面临家庭变故或生活困境时，孩子有可能出现焦虑、抑郁等情绪障碍。 敏感及易怒倾向：对于周围的人和事物，孩子可能出现过度敏感的反应，且易于发脾气或有攻击性行为。 孤独感与社交障碍：孩子可能体验到孤独感，难以融入到集体环境中，并面临交友困难的问题。	学习动力不足：由于自身或家庭因素，孩子的学习动力受到限制，从而导致学习成绩下降。 集体交往困难：孩子因易怒、自我封闭等因素，不愿或难以融入集体，导致交往困境，影响彼此理解和合作。 家庭教育缺失：特殊家庭中，家长可能因为工作、离异等原因无法充分关注孩子的教育，为孩子学习提供良好的主客观条件。 学校、社会支持不足：学校和社会对特殊家庭学生的关注和支持不够，导致他们面临更多的教育困难，甚至贫困家庭和农村地区的特殊家庭学生可能面临教育资源不均衡的问题，无法享受到优质的教育资源。
重组家庭	父母再婚或一方再婚组成的家庭，孩子与继父母之间的关系复杂。		
留守家庭	父母长期在外工作或外出务工，孩子留守在家中，隔代养育，缺乏父母关爱。		
贫困家庭	家庭经济困难，难以承担孩子的教育费用和其他生活开销。		
复杂家庭	家庭成员关系及组成复杂，如孩子长期寄养在亲戚家中，生活在收养家庭中等。		

2.特殊家庭学生的教育对策

面对特殊家庭学生，班主任首先要做到"三心"，即细心、爱心、用心。带班伊始，班主任就要通过家访、谈话等形式，细心摸排，发现班级中的特殊家庭学生。对特殊家庭学生，要关注他们的需求，爱心陪伴，要注意保护学生的隐私，不对其造成二次伤害。更重要的是，要用心找到合适的教育策略，通过多方协同，引导特殊家庭学生发生转变。

（1）建立特殊家庭学生档案。

了解特殊家庭学生背景、情况并建立个性化的档案，详细记录家庭状况及成长环境、性格特点等信息，以便全面了解学生的家庭背景和内心需求。

（2）制订个性化的教育方案。

根据学生的特点和需求，制订个性化的教育计划和行动方案，注重因材施教，提高教育实效。

（3）提供必要的支持和帮助。

班主任在了解学生的认知特点和情感需求的基础上，帮助学生建立积极的心态和情感支持系统，提供个性化的心理支持和辅导。班主任需要学习心理辅导的基本理论和方法，掌握有效的心理辅导技巧，以便更好地帮助学生应对心理问题。

（4）家校社三位一体成合力。

加强家校社合作，共同参与特殊家庭学生的教育，形成教育合力。

首先，学校或校际间应积极策划并举办专题培训与研讨活动，交流先进的特殊家庭学生教育经验，共同探索针对特殊家庭学生教育的有效策略与方法。同时，鼓励教师积极投身于特殊家庭学生的个案研究与教学实践，总结经验，勇于创新教学模式，为特殊家庭学生提供更优质的教育服务。

学校和班主任要与家长保持密切联系，耐心倾听家长的想法与困惑，让家长感受到学校对孩子的关注；学校可组织针对性的教育讲座和培训活动，邀请教育专家、心理专家等，讲授特殊家庭孩子的教育方法、心理特点及应对策略等知识，帮助家长提升教育能力；学校还可以将特殊家庭的家长组织起来成立支持小组，定期开展活动，让家长们分享经验、互相支持和鼓励，形成良好的教育氛围，共同探讨教育孩子的有效方法。

其次，政府及相关部门应继续加强政策扶持力度，完善相关法律法规，制定并优化针对特殊家庭学生的教育政策，确保他们获得公平的教育机会与资源。同时，应加大对特殊家庭学生的资助力度，包括学费减免、奖学金等支持措施。此外，还需完善法律法规体系，切实保护特殊家庭学生的合法权益，对虐待、歧视等行为采取严厉措施。

再次，社会组织应充分利用自身优势，积极参与特殊家庭学生的教育支持工作，提供心理咨询、生活援助等多元化服务。同时，可组织志愿者活动，为特殊家庭学生提供学习辅导、成长陪伴等实质性帮助。此外，还可搭建交流平台，促进特殊家庭学生之间的相互支持与共同成长。

最后，媒体应肩负起正面宣传的责任，加大对特殊家庭学生教育的宣传力度。通过报道正面典型，展现特殊家庭学生坚韧不拔、积极向上的精神风貌，提高社会对这一群体的关注度。同时，应引导公众以正确、包容的态度看待特殊家庭学生，消除歧视与偏见，共同营造一个和谐、友善的社会氛围。

总之，特殊家庭学生的教育不能只靠学校和班主任，要充分发挥家校社这三者的教育功能，共同促使特殊家庭学生的心理和人格得到健康发展。

附

我眼中的洪老师

2016届学生家长　王向阳

认识我的人可能都知道，我儿子初中的班主任是洪耀伟老师，因为日常聊天中我经常与他们提起，分享我对洪老师的那份感激和尊敬。

感激洪老师最先改变了我。在认识洪老师之前，我是个喜欢往外面跑、贪玩、不称职的家长。孩子进入初中，分到了洪老师班级，暑假中就迎来了洪老师的第一次家访。记得那天刚吃完晚饭，我接到洪老师的电话，说要来家访。我当时已约好朋友打麻将，但想想老师家访一般很快就结束了，就通知朋友们稍等一下。洪老师停下自行车，我发现他满头大汗，白衬衫短袖已完全湿透。他非常有礼貌地和我家人一一打招呼并作自我介绍。洪老师先了解了孩子的一些情况。孩子有些紧张，洪老师就摸摸他的头，指着墙上孩子的书法习作，开始与孩子探讨起来，鼓励孩子继续努力，然后对我说："孩子很不错，我们要齐心协力，把孩子培养得更优秀。优秀的孩子其实更离不开优秀的家长，孩子的成长需要很好地引导。孩子就是家长的复印件，家庭是复印机。家庭的和谐温馨与家长自身的表现，对孩子的成长都是非常重要的。只要我们家校配合，给孩子营造一个良好的学习氛围，孩子就一定会很优秀……"是啊，我是孩子的原件，难道我还能让孩子在家好好看书作业，自己出去玩吗？我和洪老师聊了很久，在慢慢变得轻松的聊天中，我得知：洪老师顶着烈日骑着车已进行了一整天的家访，此时竟还饿着肚子……看着洪老师骑车远去的背影，我有点心酸，老师太辛苦了。那晚，我没出去玩；那晚以后，我就再也没有出去玩。洪老师改变了我，让我成为一个能为孩子树立榜样的合格家长。

感激洪老师让我看到孩子每一天的进步。我经常能听到孩子这样埋怨我："爸爸，洪老师比你了解我。"洪老师的确非常了解孩子们。我孩子进初中之前非常内向、腼腆，是洪老师一次次鼓励他，通过参加各种比赛，不断锻炼自己，让他成为一个能在演讲比赛的舞台上争得第一的自信少年。这是一个质的飞跃。孩子有了自信，也更阳光了……

感激洪老师把我的孩子当成自己的孩子。每一次洪老师观察到孩子情绪上的波动，都会第一时间联系我，了解最近孩子在家里的情况，也经常家访，但家访方式很特别：洪老师很了解孩子敏感的性格特点，怕影响到孩子，所以我们常常是约在离我家不远的乡间小道上……最让我感动的一次是一模结束，孩子成绩不太理想，加上有些事情也不顺利，孩子情绪非常低落。我看在眼里疼在心里。孩子已经非常努力了，人也消瘦了许多，我开始有"随波逐流"的想法了。没想到这种微妙的心理也被洪老师觉察到了，第二天晚上他就打电话给我说想碰面聊聊，并叮嘱不要让孩子知道。见面后，洪老师让我谈谈心里有什么想法，我只说："洪老师，我相信命运。"洪老师笑笑，问我："你想放弃啦？"我没出声。"就算你想放弃，我也不会放弃。现在你负责孩子的营养和健康，关键时刻特别注意身体，不要给他学习上的压力，学习上我来关注……"我从洪老师的眼神和说话的语气中，感觉到了从未有过的严厉。我顿时清醒过来：我还是称职的父亲吗？在洪老师把我的孩子当成自己的孩子无微不至地关心帮助下，孩子发起最后的冲刺，终于考进了心仪的高中。

现在，在我手机里，洪老师建的"浦江一中心育坊"班级微信群依然还在。毕业一年了，大家都不愿退群，依然享受这个大家庭的温暖。

陶行知曾说："爱是一种伟大的力量，没有爱就没有教育。"我眼中的洪老师就是一位用自己行动来诠释着"爱的教育"的好老师！

提升篇

班主任带班育人的专业精进

在新时代背景下，进一步加强中小学班主任工作，锤炼班主任的基本功，是贯彻和落实立德树人根本任务的关键所在。对于一线班主任而言，持续在学习和实践中淬炼成长，提升班主任基本功和专业素养，至关重要。各级班主任基本功大赛和展示交流活动，正是赋能班主任专业化发展、修炼班主任关键能力的有效平台。

2012年，我有幸代表上海市参加了首届长三角地区中小学班主任基本功大赛，与来自江苏、浙江、安徽的班主任们同台竞技，最终荣获初中组一等奖；2021年，我作为两位初中班主任之一，代表上海市参加了由教育部主办的全国中小学班主任基本功展示交流活动，三项参赛内容（育人故事、带班育人方略和主题班会）均被评为典型经验，并被国家中小学网络云平台和国家教育资源公共服务平台收录展示。两次大赛经历，让我对班主任专业化发展有了更加深刻的理解。

第一节

育人故事：提升育人过程中的教育觉察力

一、什么是育人故事

育人故事是将班主任的育人理念和方法策略以叙事的方式加以呈现，通过班主任讲述自身工作中的育人故事，展现班主任在日常工作中的专业素养和教育情怀。

育人故事是面向学生个体或集体的教育事件，凸显班主任育人工作的情境性、丰富性。在细微处见精神，考察的是班主任对自己的育人过程和方法策略的批判性反思，也体现班主任对教育问题的敏感性和觉察力，远非对成功经验的表层叙述。班主任基本功大赛中，育人故事环节的设置，目的是引导班主任在日常工作中重视积累和写作，及时总结反思，构筑自己的教育观，成为学生的人生导师。

二、育人故事有哪些要求

全国中小学班主任基本功展示交流活动中的育人故事要求如下：

（1）结合新时期学生成长面临的新情况、新变化，以爱岗敬业、价值观教育、班级管理、师生沟通、学校家庭社会协同育人、心理健康教育等为切入点，讲述班主任工作中的育人故事，彰显班主任人格魅力，体现班主任专业素养和教育情怀。

（2）育人故事文本要求主题明确、情节完整、内容详实、重点突出、结构合理、情感真挚，以第一人称撰写，能够激励人心、引发共鸣，2000字左右。

（3）育人故事视频要求与文本主题一致，以第一人称讲故事，形式流畅，叙述时长 5~10 分钟。

长三角地区中小学班主任基本功大赛育人故事评分原则有以下几点：

（1）主题明确：围绕育人故事主题内容要求展开，能彰显班主任人格魅力，体现班主任的专业素养和教育情怀。

（2）情节完整：有完整的故事情节，语言生动，能激励人心，引发共鸣。

（3）结构合理：视频应与文本主题一致，以讲故事形式呈现，能突出重点内容。

（4）视频清晰：画面和声音清晰，以第一人称流畅叙述。

三、好的育人故事有哪些特征

好的育人故事就是一部活的教育学，其中蕴藏着班主任的教育观和学生观。好的育人故事应有如下特征：

（1）准确：立意准，正确、先进；方法准，科学、有效。

（2）生动：情节生动，一波三折；语言生动，富有感染性。

（3）新颖：教育观点有新意，体现个人思考；故事材料有新意，体现时代价值；行文结构有新意，体现精巧构思。

四、怎样写好育人故事

育人故事要有清晰的逻辑思路，要突出重点，要把故事的启发性作为重点，不能只是简单叙述故事。题目简洁凝练，生动新颖；开头紧扣主题，开门见山，引人入胜；结尾呼应主题，升华思想，令人回味；过程围绕主题，详略得当，生动完整。

写好育人故事要把握住四个层次：一是用好"讲故事"这一叙事形式，记录反思班主任日常工作；二是注重分析问题，在故事中分析学生成长中的各种情境和自身做法背后的理念方法；三是努力把教育故事转化为验证教育理念与教育实践相结合的实践证据，成为班主任工作经验体系中的基本单元；四是依据自身教育理念，不断创新、反思、实践，从而打造出独具个人特色的育人故事。

撰写好育人故事还要遵循以下原则：

（1）真实性：讲述自己的育人故事，只有真实才有真情，才会感染人。

（2）艺术性：要有新颖的选题、冲突的过程、朴实的语言、真挚的情感、育人的智慧。

（3）教育性：体现对学生教育的过程及效果，体现对班集体建设的作用，体现育人理念和专业素养。

五、怎样讲好育人故事

无论是拍摄还是现场讲述育人故事，都应当注重语言的口语化表达，营造出一种"讲述"的氛围。在此过程中，需确保情感的真挚流露，逐步展开故事的脉络。唯有先触动自己的内心，方能真挚地打动听众，实现情感的有效传递，进而引起共鸣。

优秀的育人故事演讲应当具备以下特点：

（1）教育观点方面，需确保观点明确、重点突出，同时思想内涵深刻。

（2）语言能力方面，要求语言精练，详略处理得当，且能够以优美动人的方式表达。

（3）现场表现方面，应做到生动流畅，体态自然大方，同时声音与情感表达相辅相成，达到声情并茂的效果。

附

第一次为学生证婚

我是一名美术老师，教了23年美术，做了20年班主任。其中，我和学生、家长、同事之间发生了许多难忘的故事，但最令我难忘的，还是我第一次给学生当证婚人时的情景。

那是十年前的春节，照例我接到了许多学生的拜年电话，而小杰同学（化名）还送来了他即将结婚的喜讯，并热情邀请我参加婚礼，担任证婚人。我既开心又忐忑，忙说："我从来没做过证婚人，恐怕不合适吧？"他急了："没关系的，我这里有个模板，到时候您照着读一下就可以了！"我哑然失笑，只好答应了。他兴奋地说："那太好了，谢谢老师！"

婚礼当天，在主持人的引导下，我隆重走上台，为小杰证婚。在致辞中，我结合他的成长经历，为他写了一份私人订制的证婚词。我动情地说："他也许是我以前带过的最调皮的学生之一，但同时也是最具绘画天分的学生。他通过坚持不懈和勤奋努力，不仅用画笔成就了精彩人生，更成就了这段金玉良缘……"全场沸腾，响起了热烈的掌声。小杰激动地带着新娘和父母前来敬酒："老师，您的证婚词太好了，谢谢您！"我有些不好意思："人家证婚一般都找单位领导，你却让初中班主任来了……""洪老师，您最合适。您知道吗，您当年的一句话影响了我的一生。"我愣住了："我对你说过什么话呀？"他说："那是在我读七年级时，好像是周三下午的第一节美术课，当时您刚带我们班不久。那天，我在课上画了一个食品包装袋上的卡通logo，没想到，您竟然表扬了我六七次！您对我说得最多的话是：'你画的线条真棒，造型也很准确，真有美术天分，如果好好学习绘画，以后说不定能成为一名画家或者设计师！'老师，您能预知未来吗？我现在真的成为一名设计师了……"

他的一番话把我的思绪瞬间拉回到他的初中时光。那时，他学习基础薄弱，语数外成绩红灯高挂，上课不是捣乱就是睡觉，老师们直摇头。后来发现他在美术方面的天赋后，我便不断鼓励他，找来范图让他临摹，激发他对美术课的兴趣，并利用业余时间辅导他绘画。刚开始，他兴致很高，但三天热度一过，就想打退堂鼓，时常借下雨、天热、身体不舒服等理由缺席约定的美术辅导。在他意志力起伏不定时，一个双休日，我约他到江边去写生。看到岸边散落着一些鹅卵石，我便顺手捡了一块。他问我："老师，你捡石头做什么？"我笑着说："变魔术。"然后打开颜料，拿起笔，在石头上画了一幅风景画。他惊叹道："太漂亮了，这也太神奇了吧？"我便邀请他一起捡石头随心创作。伴着夕阳，我们画了好多石头画，流连忘返。回来的路上，小杰说："老师，画画这么好玩，我要好好跟你学习！"我笑着说："这些石头原本很普通，但我们好好构思，细细描绘，就可以赋予它们生命，就能变成一件件艺术品，做其他事也一样……"从此以后，小杰对绘画更有兴趣了，每一次美术辅导都不缺席。我还鼓励他积极加入教室设计布置的团队，和同学们集思广益，发现美、创造美，"化有限平方为无限立方"，打造富有韵味的教室，以此激发他热爱学习和热爱生活的热情。

针对他学习成绩薄弱的问题，我也及时和任课老师沟通，想办法辅导他，提高他对文化课学习的兴趣。我还经常家访，和他父母交流，改变他们和孩子沟通的方式。初中毕业，他考进了一所美术中专，但我仍一如既往地利用节假日辅导他学习素描，和他约定参加"三校生"联考。四年后，他果然不负众望，以上海市前50名的专业成绩考入一所大学美术学院的艺术设计专业。毕业后，他成了一家知名游戏软件开发公司的设计总监。不久，他又告诉我，他放弃了公司主管的职位与待遇，和大学同学成立了一家设计公司，自主创业了。

婚礼后，我到家已经很晚了，小杰还发信息致谢："洪老师，谢谢您今天来参加婚礼，谢谢您给我们证婚，更谢谢您培养了我！"我回复他："你总是说谢谢老师，其实，老师更应该谢谢你，是你让我相信：作为一名班主任，有时一句鼓励的话语、一束激励的目光，也许就能影响一个孩子，甚至影响一个孩子的一生。"

那天晚上，我辗转难眠。陶行知先生的话一直萦绕在我的耳畔："你的教鞭下有瓦特，你的冷眼里有牛顿，你的讥笑里有爱迪生。"此时，我的眼前又一次浮现出小杰创作的一幅又一幅美术作品，浮现出和他一起作画时的温馨场景，浮现出他在班级布置教室时忙碌的身影……在我们平时的教育教学中，确实有些孩子因种种原因，学习基础比较薄弱，成绩不太理想，有的被家长放弃，有的被老师放弃，还有的自己选择放弃。但只要我们用心去观察，就会发现他们也有闪光点：有的孩子舞蹈跳得很酷，有的孩子在体育方面很有天赋，有的孩子朗诵很有感染力，有的孩子绘画栩栩如生……面对这些孩子，作为班主任，可以给他们搭建成长平台，让他们展示自己，品尝成功的喜悦，让他们扬起自信的风帆，到达成功的彼岸。所以，我常常对学生说："你们都是最好的！"当孩子感到被赞美、被关爱、被信任，奇迹就会出现。教育是什么？教育就是不断引导学生了解自己，认识自己，进而完善自己。

那天，是我第一次担任学生的证婚人，也是我又一次静下心来思索如何做一名老师、一名班主任，如何更好地助力学生成长。

（该育人故事于2021年参加全国中小学班主任基本功展示交流活动。其作为典型经验，在国家中小学网络平台和国家教育资源公共服务平台进行交流展示。）

寻找"爱豆"的正能量

故事背景

中学生追星已经成为一种普遍的时代潮流，而学生的偶像大多是影视明星或歌星，偶像为艺术家、商人、作家等的则相对较少。许多中学生为一些明星着迷，他们盲目地"随大流"，疯狂地收集和明星相关的资料物品，既浪费钱财，又消磨时间。就连我带的毕业班学生也不例外。马上就要中考了，一些学生还浑然不觉地在追星，连书包上挂的都是明星、"爱豆"的照片。作为班主任，我看在眼里，急在心里。我该怎样对待中学生的"追星情结"呢？

故事经过

4月的一个星期一的早晨,我照例去教室看学生早自习。和往常不一样的是,还没到教室,就远远传来一阵喧闹声,我快步来到窗前,只见十几个学生围在小丽(化名)的课桌前。"为了这个明星的个人写真集,我昨天排了两个小时的队呢,不过里面有我喜欢的组合,值了!"小丽一边挥舞着碟片,一边兴奋地喊着。"你看好了借我们看看!"旁边的学生附和着。我的出现,让教室归于平静,同学们迅速撤离,拿起书本开始了早读。我走进教室,看着黑板上写的"离中考还有62天",气不打一处来。我来到小丽座位旁,拿起她没来得及收起的碟片,正要发作,语文老师已经来到班级。为了不影响他上课,我深呼吸一口,强压怒火,拿着碟片来到办公室。老师们也陆续到来,一位"90后"年轻老师看到我拿的碟片,好奇地问:"洪老师,你也喜欢啊?你什么时候买的?我也买了!不错的!"我看看她,笑笑,没有回答。我忽然想到了自己的中学时代,想起了自己当时也有崇拜的偶像,自己当时不也是"追星一族"吗?我打开电脑,好奇地把碟片看了一遍,又查了相关明星的一些资料。我决定,从今天起,我要和学生们一起追星!

下午第二节班会课,我拿着碟片走进教室。小丽低着头,全班同学神情紧张,等待着"暴风雨"的来临。我微笑着对大家说:"我发现同学们对这张碟片很感兴趣,这节班会课我和大家一起来欣赏。"同学们诧异地看着我,不知是谁带头鼓起掌来。看得出,难得的放松让他们很兴奋。整节课,学生们看得非常投入。临下课时,我告诉同学们:"我们不仅一起观看了碟片,而且在周五我们要上一节主题班会,题目是'我们一起来追星',每个人都有一项任务——谈谈你喜欢的明星和喜欢他(她)的理由,并收集你喜欢的明星的故事,和大家分享。"

经过几天的准备,班会课如期召开了,主持人是小丽和班长。活动大致分为五个板块:(1)学生谈通过查阅资料找出的演技精湛且积极面对生活、凭借毅力走上成才道路的明星,并通过模仿明星表演的片段,使学生在实践的过程中体会、品味明星成名的艰辛。(2)以学生中的追星现象为切入点,讨论我们现在该怎么做。在探究、思索、渐悟、筛选中逐渐把学生的认知引向深入。(3)详细介绍"杨丽娟追星"事件的全过程,在学生中引发盲目追星产生严重后果的大讨论,使学生的追星心理逐渐趋于理性。(4)结合即将毕业的九年级生活,谈谈我们该如何理性追星。(5)教师进行总结,并提出两条建议:①从中学生自身而言,健康的心态是最重要的。以坚定自己的立场为核心,培养自己哲学的头脑、冷静的思维方式、独特的审美眼光。②从校园来说,该学习的时候就应该认真努力地学习,追星的那股劲应该用于对学习的执着,不要随波逐流,顺应大众化需求,因为时尚是永远也追求不尽的。

  在最后的总结中,我送给同学们一段话:"每个人都可以有自己的偶像,选择偶像时,不能只看他的仪表打扮,更重要的是要关注他内在的个人风度、品质和人格。也就是说,我们要向偶像学习的并不仅仅是他们的外在美,最主要的是要学习他们的内在美。体育竞技场上的奥运冠军、世界冠军,他们之所以能够获得那么辉煌的成绩,是因为金牌上镌刻着运动员在赛场上锲而不舍的拼搏精神、在训练时勤奋刻苦的汗水以及他们所默默承受的挫折与失败。科学家们能取得卓越的成就,离不开他们永不言败、刻苦钻研的奋斗精神。比如,当初爱迪生发明电灯绝不是一件简单的事情,光是确定使用什么做灯丝,爱迪生就尝试了几百种材料,最终才成功地选择了钨丝作为灯丝。爱迪生永不言败、刻苦钻研的科学精神,难道不值得我们学习吗?爱迪生难道还不配做我们的偶像吗?"在此起彼伏的掌声中,我们结束了这节班会课。

  班会课后的反馈中,有学生在周记中这样写道:"通过本次班会,我明白了一个道理:青春像一棵不断长高的树。它需要阳光、空气、养料和水分,我们不但要竭尽全力地用自己的汗水去浇灌它,而且还需要名人、英雄和明星等偶像的影响力来为我们指明前进的方向。为了我们能茁壮成长,我们需要青春的偶像,因为他们给了我们精神的养料和成功的水分,给我们注入生命的动力和活力,使我们的生活丰富多彩。"还有学生写道:"我们不能盲目地去追星,所谓'金无足赤,人无完人',明星、偶像的身上也有缺点和不足。我们要学习他们那种执着于理想的敬业精神,不要去模仿那些花哨的外表、轻浮的举止。"

  透过学生的切身体会,我意识到:学生在追星问题上有了自己的认知和见解，我相信他们一定能正确处理追星和学习的关系。果然，学生的学习状态有了很大进步，书包上的明星写真照片也逐渐消失了，比、学、赶、帮、超的学习气氛弥漫在整个教室中。

故事启示

对于青少年的追星现象，人们往往责备多于理解，担忧多于引导。在分析和探究其原因时也多半只注意孩子本身的问题。其实，我们能从青少年的心理上找到规律性的原因。

从心理学上看，青少年时期处于一个半儿童、半成人的状态，是一个充满矛盾、急剧变化，独立性与依赖性、自觉性与幼稚性并存、交替出现的阶段。这个阶段的青少年充满着朦胧、幻想、天真、幼稚、盲目与大胆等特色。神经活动的兴奋过程强于抑制过程，往往不愿安静，容易冲动，进行各种活动时容易分心，自觉控制自己情绪和理智支配行动的能力还不强。他们的人生观、价值观、世界观还不确立、不成熟，他们的理想在这个时期还比较模糊，带有具体性和表面性。

青少年的心理和社会原因告诉我们：对他们的追星现象不要横加指责和过分担忧，也不要笼统地反对和排斥。采取简单粗暴的做法往往会适得其反，容易使他们产生逆反心理，形成愈禁愈追、明里不追暗里追的困顿局面。

其实，青少年的追星现象有其积极的一面。青少年的思维活跃，喜欢模仿是一种可贵的心理品质，此时我们的家庭、学校、社会应给予正确的教育和引导。

喜欢娱乐是孩子的天性，孩子追星实际上是一种理想中的天真，也是一种激情中的盲目。家长发现孩子追星，不妨自己也同孩子一起追。父母只有了解了孩子追的星，才可以和孩子谈星，对星发表客观的评论，把星身上的优点（如刻苦训练、不懈奋斗、积极进取的精神等）讲给孩子听。还要告诉孩子：每个人有自己的成长历程，明星也是人，也有自己的烦恼，也有平常人的一面，他们的成功是付出很多代价，做了很多努力，才取得如此成就。如果孩子有一些爱好或者特长，还可以引导孩子以所追之星为榜样，努力进取，这样对孩子的人生观与价值观的形成将起到潜移默化的影响。假如只是采取扔掉碟片、撕掉相片等简单粗暴的办法，不仅孩子回头无望，也许还会酿成悲剧。

和学生一起追星，让"爱豆"的正能量陪伴他们一起成长吧！

（该育人故事收录于 2020 年出版的《静待花开——百位特级谈育人智慧》一书。）

第二节

带班育人方略：展现集体教育的系统思考

一、什么是带班育人方略

带班育人方略是班主任各项班级管理工作的统领，是班主任对班集体教育进行全面深入思考的集中体现，它基于班主任的育人理念和班级实际情况，对班级建设的目标与实践进行系统性、前瞻性的规划与设想。班主任基本功大赛中这个环节的设置，目的是引导班主任构建一套自己的带班策略，进而使得班级管理不再盲目、随意、零碎。在此过程中，班主任往往以现在正在带的或过往成功带过的班级为中介，详细阐述其班级建设的具体过程与所取得的显著成效，使之由零散的经验上升为理性的自觉，展现其教育智慧与实践能力。它的实质是理性思考和具体实践相结合，总结班主任在班级建设中的方法和策略。

因此，带班育人方略要求以学生思想品德教育为重点，通过班集体建设达成育人目标，需要梳理并总结班主任带班过程中的育人理念、工作思路和具体做法，做到成体系、有特色、有创新、有成效。其文本包括育人理念、班情分析、班级发展目标、实践做法、特色和成效等内容。其中，育人理念应遵循育人规律，班情分析要聚焦直观，班级发展目标需符合校情学情，实践做法要体现系统性和针对性，带班特色要鲜明、突出，成效的借鉴性、操作性要强。

二、带班育人方略的作用是什么

为什么要强调带班育人方略？班主任为什么要学会制定带班育人的方略？这是因为带班育人方略具备多方面的综合效能。

首先，带班育人方略有助于提升班集体的建设质量，为班集体建设的优化提供明确的蓝图。方略的完善程度直接关联到班集体建设的成效，方略越完善，班集体建设越有可能达到更高的水平。

其次，带班育人方略能够充分发挥其综合育人的功能。一个精心制定的带班育人方略，不仅能够有效指导班集体的建设，还能够全面发挥带班育人的各项功能，促进学生全面发展。

再次，在带班育人方略的撰写与实施过程中，班主任的专业发展也能得到有力推动。方略的制定与实施要求班主任具备深厚的专业素养和教育智慧，从而促进班主任作为人生导师的专业成长。

最后，带班育人方略通过提升带班育人的品质，进一步推动班主任的专业发展，最终惠及广大学生的终身成长。就学校整体而言，若每个班级都能成功塑造为优质的班集体，并充分发挥其育人功能，将有力推动学校德育特色的整体形成与品质提升。

三、带班育人方略是过去式还是现在式

带班育人方略既反映过往，也关照当下，因此，无论是回顾过去带领的班级，还是分析目前所带的班级，都是这一方略的生动体现。带班育人方略不仅是针对单一班级，它是班主任长期带班的经验的总结。其中蕴含的育人理念，体现了班主任的教育思想，而思想的形成是需要在长期实践中凝练的。所以，带班育人方略既可以写现在带的班，也可以写以前带的班，这展现了班主任在不同时期的教育智慧和专业发展轨迹。

四、带班育人方略要遵循哪些原则

带班育人方略应遵循以下几方面原则：

一是全面分析班情学情，了解每一个学生，做好班级基础建设，并根据学生个体差异进行适切的教育。

二是形成班级共同愿景，凝聚全员共识，以师生成长为基础，发挥班级所有成员的主动性，做好班级目标建设，共同促进班级发展和学生成长。

三是确立班级指导思想，为学生成长奠基，要具有明确、科学、符合育人规律的先进带班理念，并以此指导班级集体建设实践。

四是探索班级建设的有效途径，从组织建设、制度建设、关系建设、活动建设、文化建设、情感建设等方面构建班级建设实践体系。

五、如何写好带班育人方略

（1）标题要简洁新颖。

拟定标题除了要简洁有力，还要新颖别致，能激发读者了解育人策略的兴趣。标题可以充满情感色彩，也可以将育人理念进行感性、理性或概括性表达，以此作为标题。

（2）育人理念要清晰。

育人理念是含有较高辨识度的某种教育思想的高度概括，是整个带班育人方略的灵魂和中心，其他环节均要围绕育人理念一以贯之。

班主任可以从带班实践中总结育人理念，也可以借鉴所在学校或其他人的教育理念，关键是如何通过具有创造性的带班育人方略，把这个理念落到具体实际的班集体建设中。比如，上海市宝山区一直在推行我国著名教育家陶行知先生的"生活即教育"的理念，那么宝山区的班主任在带班实践中也可以遵循这个理念，育人理念就可以写陶行知先生的教育理念，并结合自己的带班育人实践，践行所提出的教育理念。

（3）班情分析要聚焦。

班情分析是制定适切的班级发展目标的依据，后续带班策略、实践做法都是基于班情分析进行的。班情分析不必面面俱到，可结合校情，从人员组成、学生特点、家庭教养情况、学校周边、社会情况等进行分析，重点聚焦班级和班级成员优势与存在的问题来阐述，要简洁明了，可以借助图表形象、直观地表达。

（4）班级发展目标要明确。

班级发展目标符合班情实际，要明确、具体、可达成、可检验，要分总目标和子目标。总目标表述要清晰，结合育人理念进行整体架构和设计；子目标围绕总目标，要切实可行，具有一定的逻辑性和递进性。

（5）实践做法要系统。

构建一个完整的带班育人的实践体系，具体的实践操作要体系化、结构化，既有理论支撑，又要有具体做法，并具有可复制性、可借鉴性，形成一个完整的带班育人实践体系。

（6）特色举措要创新。

特色举措可以单独列出，也可以和其他几个板块互相融合、互相渗透，能体现育人理念，突出特色亮点，并具有创新性、可复制、可推广等特点。

（7）成效能检验目标。

特色成效要能体现育人理念与带班育人目标的达成度，凸显师生和班集体共同成长，即是否达成了自己最初架构班级时候的目标，建设成了怎样的班级，形成了怎样的班风、学风，取得了怎样的育人效果。

总之，一个好的且在实践中产生实效的带班育人方略，不仅需要技巧，更需要班主任们在实践中转变观念、提升综合素质、提高专业能力。

附

以美建班，以美润德
——班主任带班育人方略

苏霍姆林斯基认为，"美是道德纯洁、精神丰富和体魄健全的有力源泉"。美育最重要的任务是教会孩子能从周围世界（大自然、艺术、人们的关系）的美中看到精神的高尚、善良、真挚，并以此为基础确立自身的美。蔡元培也提出："美育者，应用美学之理论于教育，以陶养感情为目的者也。"作为一名美术老师，在20年的班主任生涯中，我发挥专业特长，逐渐形成了以美的感知与创造为核心的带班育人体系。"以美建班，以美润德"是我一直坚持的带班育人理念。

从美育与德育的关系上看，二者相辅相成、辩证统一。现当代著名美学家、教育家朱光潜在《谈美感教育》一文中指出，美育为德育的必由之径，是德育的基础功夫，一个真正有美感修养的人必定同时也有道德修养。也即，美育与德育从根本上说是一致的，德育为美育注入灵魂，美育为德育补充手段，二者共同推动求真、向善、爱美品格的形成。因此，我充分利用美术老师的优势，以美育为抓手，从学生的年龄特征和身心发展特点出发，将德育过程转化为审美过程，让德育内容富有审美意蕴，充分发挥审美素养在道德养育中的纽带作用，探寻"以美润德"新途径，让学生在潜移默化中感受到真、善、美，促进他们思想道德素质的提升，推动美好集体的形成。经过长期实践，我把美与德相结合，形成了具有特色、富有成效、成有体系的"以美建班，以美润德"方略。

这一带班育人方略的形成源于我校和我所带班级的现实学情，根源于学生生命成长的需求。我所在的浦江一中是一所普通公办初中，地处上海市东南郊。随着城市化进程的推进，学校生源也日趋多元化。班级学生主要由本地居民、市区拆迁居民及随迁子女组成，外省市随迁子女数量占班级总人数三分之一左右，特殊家庭（父母离异、隔代教育、孤儿、特困家庭）占近四分之一。丰富学生文化内涵，提升审美情趣，涵育一颗"美丽心灵"，让学生在温暖阳光中成长显得尤为重要。因此，借助美育进行带班育人成为我的一种追求。我希望我和我的学生一起创建一个"尚美班级"。这个"尚美班级"既包涵真挚、善良、进取的"美师生"，又包括阳光向上、奋勇同心、笃行至善的"美集体"。我的学生是班级建设与管理的主人，在富有美学韵味的班级文化中，打造师生共生、共享、共长的文化氛围，让美内化于心，外化于行。

为了实现这一班级发展目标，我从学科优势、活动开展、作业设计和班级环境四个方面入手，开展"以美润德"实践，探寻德育和美育的链接点，推动"尚美班级"的建设。

发挥学科优势，是"尚美班级"审美资源的保障

为学生创造感知美的环境，引导他们发现美、追求美，在审美过程中提升道德品质，促使其道德立场向正确方向转化，是我带班育人的第一步。因此，我充分发挥美术老师的特长，提炼具有道德感染力的审美资源，尤其形成了以节日和重大事件为核心的资源体系，让学生在欣赏中感知美，体悟资源背后所蕴藏的历史文化内涵，为实现"以美润德"奠定基础。

许多经典美术作品以独特的形式记录事物、链接历史、折射文化，成为"以美润德"的重要资源。比如，国庆前夕，我利用多媒体把油画家董希文在1952年创作的油画《开国大典》展示给学生。这幅画作记载了一段特别厚重的历史，在《人民万岁》的音乐中，我逐个介绍天安门城楼上的开国元勋，讲述开国庆典、万民欢腾的那段历史。通过欣赏作品宏伟的构图、写实的造型、民族性的色彩，了解作品背后的历史情节，同学们不仅理解了经典美术作品的审美价值，更受到了一次深刻、生动而可视的爱国主义教育和"四史"教育。我还受《美术经典中的党史》节目的启发，利用一系列资源，共同构建"以美润德"的审美资源库（见下页表），促进班级学生审美意识和审美能力的提升，推动爱国、担当、真挚、善良等品格的形成。

以节日和重大事件为核心的审美资源

主题内容	审美资源	德育内涵
春节	《岁朝图》（张俨）等	知道春节的由来，增强对中华传统文化的认同感和自豪感。
清明节	《清明上河图》（张择端）等	感受北宋的清明民俗，了解历史。
劳动节	《拾穗者》（让·弗朗索瓦·米勒）等	尊重和敬畏土地，感知劳动中蕴含的庄严和美。
端午节	《龙舟夺标图》（吴廷晖）、《屈原》（傅抱石）等	了解端午的由来及风俗；知道屈原与端午的联系，增强爱国情感。
中秋节	《嫦娥执桂图》（唐寅）、《嫦娥》（张大千）等	了解中华传统文化，放飞想象，加强对亲情的感悟。
建军节	《南昌起义》（黎冰鸿）等	了解南昌起义，感悟大无畏的革命精神和爱国主义精神。
国庆节	《开国大典》（董希文）等	了解开国大典的历史背景，知道10月1日的重大意义。
党的成立	《启航——中共一大会议》（何红舟、黄发祥）等	知道建党历程，感悟党的地位和作用，提升爱党之情。
长征	《红军过草地》（张文源）、《强渡乌江》（魏传义）等	了解长征历程，崇敬革命英雄，自觉传承和践行长征精神。
红色风光	《韶山》（李可染）等	感悟红色文化，提升爱国爱党之情。
抗美援朝	《跨过鸭绿江》（吴云华）等	了解抗美援朝的前因后果，尊崇先烈，提升责任感和使命感。
改革开放	《1978年11月24日·小岗》（王少伦）、《南方途中》（张祖英）等	知道改革开放的历程和地位，认同改革开放是决定当代中国命运的关键抉择，成为改革开放的拥护者和奋斗者。
中国梦	《庄严昭告》（王海力）等	了解中国梦的内涵，提升社会责任感和担当意识。
白衣天使	抗疫宣传画、《医生》（卢克·菲尔德斯）等	感悟白衣天使的伟大与平凡，体悟真挚、善良的高贵品质，尊重、崇敬、争做平凡英雄。
奥运精神	历届奥运宣传画、《奥运之光》（李延声）、《梦圆时刻》（苗再新）等	了解2008年北京奥运会等，体悟奥运精神，坚持运动锻炼，传承奥林匹克精神。

融合人文自然,是"尚美班级"创美活动的平台

　　实践是认识的来源,也是检验认识真理性的唯一标准。通过感性体验,学生才能将审美的认识内化为自身的德性要求,进而转化为自己的行为标准,笃行至善。因此,在引导学生发现美后,我带班育人的下一步就是引领学生在人文与自然相融的课外活动中体验美、创造美。对此,我创设了丰富的课外活动,激发了学生参与的积极性和主动性。

　　一方面,我利用业余时间自费带学生到书店、画廊和美术馆参观学习,让他们体悟人文、艺术之美,在亲身经历的实践中,学习美的知识,提升审美能力,让美的种子在心中落地生根。另一方面,我还组织学生去水乡古镇、郊野公园参加实践活动,让他们感知自然之美。在这一过程中,我带领学生一起感受神奇的石头画。我们用五彩斑斓的色彩赋予石头"生命",在体验自然之美的同时,让他们懂得每个人就像一块形状不一的石头,如果要从一块普通的石头变成一件精美的艺术品,就需要用心描绘,用爱刻画。

学生创作的石头画

　　有的孩子莫名喜欢一片叶子,像是揣着宝贝似的与我分享,我就带领他们一起收集落叶,创作叶画,珍惜自然的时节,感受生活的美好,铭刻下此时的所思所想,记录下这份宝贵的自然之美。苏霍姆林斯基曾说:"一个人只有在其童年和少年时期同大自然和人们打交道的那种条件下使他的心灵不平静、忧虑、柔弱、敏感、易受刺激、温柔、富于同情感,他才会成为有教养的人。"人文与自然的相融正是一次次美的旅程,一段段趋向德性养成的历程。这些审美活动培养了班级学生的审美情趣,涵养了学生的道德品质,为他们的阳光成长和班级的凝聚发展发挥了潜移默化的作用。

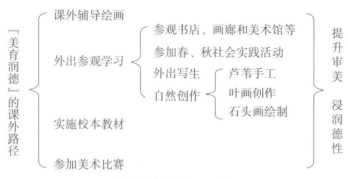

"美育润德"的课外路径

设计美育作业，是"尚美班级"素养提升的路径

为了深化学生对美的感知与体验，促进知行合一，我设计了主题多元、形式多样的创造性德育专项作业（见下表），提升班级学生优秀品格的涵养。

创新性德育专项作业

主题	内容	评价方式
学会感恩	制作手工节日贺卡（教师节、母亲节、父亲节等）。	讲述设计理念与寓意，由亲长对贺卡进行一句话评价。
理解父母	给父母画张肖像画或拍张照片。	形成班级照片墙。
劳动最光荣	根据观察，画出父母的手。	讲述故事，说明寓意。
节约粮食	为学校"光盘行动"设计一幅宣传画。	学校公告栏、班级墙壁张贴展示。
绿色环保	任选商品，设计垃圾分类的标识。	投票评选最佳设计，说明设计寓意。
亲近自然	收集各种落叶，制作一幅叶画。	班级展览。
爱我校园	根据校情，设计一套校服（男、女），说明设计理念。	讲述设计理念，投票选出最佳设计；形成班级校服设计集。
发现平凡中的美	选取一块石头，自选主题，在石头上作画。	班级展览。

续表

主题	内容	评价方式
走进长征	简要绘制一幅红军长征的路线图。	评选出优秀作品，张贴在学校文化廊。
传承红色基因	结合自身参观经历，制作一幅红色景点的版画。	班级展览。

比如，在系列班会课后，我以节日为线索，设计了具有特色的创意作业。在教师节、母亲节、父亲节等来临之际，我发动学生动手设计并制作贺卡，送给自己尊敬的师长，培养学生敬老师、爱父母的情感。学生设计完成后，在班级讲述自己的设计理念与寓意，赠送给亲长，再由亲长对贺卡进行一句话评价。

学生创作的德育专项作业

再如，针对不少学生与家长情感上疏远的情况，我要求学生把父母辛苦劳作的身影，或家庭生活中最动人的场景，通过肖像画或拍照形式记录下来，涵养理解、尊重和感恩的品格，最终形成了独具特色的班级照片墙——"我和我的父母"。

一系列的创美活动，让学生在实践中感知美、体验美、创造美。这些活动是一种无痕的教育，促进学生心灵成长——阳光、真挚、善良、关爱、感恩、进取……德育，就这样悄然而美好地发生了。这些都是"以美润德"过程中德育和美育的链接点，也是我带班育人的关键点。

打造最美教室，是"尚美班级"以美润德的环境

我曾带领团队对上海市302名初中班主任和1646名初中生作了问卷调查，在"您认为教室环境和空间利用是否需要精心布置和设计"这个问题上，96.03%的班主任和84.51%的学生认为很有必要。当问及必要的理由时，88.74%的班主任选择了"增强班级凝聚力和师生的归属感"，82.45%的班主任选择了"用优美的环境育人"，80.46%的班主任选择了"建立良好的班级形象"。针对同一问题，85.6%的学生选择了"优美的环境使人愉悦"，81.9%的学生选择了"建立良好的班级形象"，64.7%的学生选择了"班级会更有凝聚力"。可见，打造最美教室是带班育人和师生成长的共同需求。

人创造环境，环境塑造人。教室里的各种空间位置，既是物理意义上的存在，也承载着一定教育功能的教育资源。打造最美教室、合理布置和利用教室内的空间资源会取得良好的教育效果，使教室的各种空间和环境布置成为具有多元价值的"教育场"。除了树立良好的班级形象、提升班级凝聚力外，打造最美教室还能以美育德、以美导行，在审美活动中涵养学生的品格，培养学生的主人翁意识、合作能力和创造能力。

我向全班提出"我的世界我做主"的口号，鼓励孩子们亲手打造"我的美好世界"。我的班级没有宣传委员，我喜欢叫他们"艺术总监"，每个小组设立一名。六、七年级学生年龄相对较小，缺乏经验，我就手把手从色彩搭配、排版设计、标题制作等方面指导他们出黑板报、布置文化墙、美化图书角等。到了八、九年级，我则放手鼓励"艺术总监们"带着各自的组员亲自动手设计。这样既有学生间的协作，又有小组间的竞争。"我爱古诗词""时政热点""美文氧吧""'四史'大讲堂"等板块成了黑板报上最受同学们欢迎的内容，"书香园（图书角）""琅琊榜（荣誉榜）""时光录（通知栏）""清洁角（工具角）"等为学生顺利开展学习生活提供了平台。在师生共同的努力下，我校第一批教室储物柜、第一个雨伞架、第一个班级工具箱应运而生。我们班级的文化环境一直是我校一道亮丽的风景线。

创设优美的环境，打造最美教室，既离不开前期的整体布置，也离不开后期的精细管理。因此，为了保证最美教室能够实现可持续发展，我根据班级特色策划了班级岗位冠名活动，即在班级内设立各种岗位，学生通过竞聘上岗。让认真踏实的学生负责图书角管理，耐心细致、略懂花草种植知识的学生管理花草……我用学生的名字冠名图书角、饮水处、讲台等，还一起制定评价措施和激励机制，在潜移默化中告诉学生："我是班级的一分子，我属于这里，我对班级很重要，我要用美的行为呵护班集体。"美的班级环境始终让学生如沐春风，在潜移默化中受到美的熏陶，得到美的滋养，作出美的行为，"尚美班级"由此孕育。

班级岗位冠名仪式

　　向美而生，以美润德。20年来，通过不断研究和探索，我逐渐形成了自己独具风格的带班特色，我始终坚持：

　　（1）以美建班，发挥自身专业特长，探索美育融于德育的途径，以美导航、以美润德、以美促行。我积极引导学生在教室布置、各类活动、师生交往、亲子关系、同辈群体中去感知美、体验美、创造美，让美的观念落地生根，促进学生精神品质和道德素养的提升，向着"阳光向上、奋勇同心、笃行至善"的"尚美班级"发展目标不断前进。

（2）以生为本，用欣赏和尊重浇灌学生的心灵之花。在"以美建班"的过程背后蕴藏着"以生为本"的逻辑起点，即欣赏和尊重助力学生美好心灵的塑造。我始终以欣赏和尊重的眼光看待学生，为学生的心灵成长和全面发展提供充分的指导和平台，致力于让学生成为班级的主人，让班级成为学生自信成长的乐园。

和学生在一起

（3）活用资源，推动形成强有力的美育合力。我用自己的真诚和用心，把教育力量整合起来，为学生综合素质的培养保驾护航。我不仅充分发挥自己的美术特长，积极调动家长、任课教师、学校以及社会各界的力量，为学生排忧解难，而且常常带领学生走出校门，走进社会，在社会实践中寻找成长的契机。

20年来，我已先后开发数门"尚美"课程，指导学生在市、区艺术比赛中屡创佳绩，帮助百余名学生进入高一级美术专业学校深造。如今不少学生已经走上了工作岗位，其中一大部分是当年的学困生。我带的班级多次被评为上海市、区先进班集体。我个人也先后荣获全国优秀教师、上海市德育特级教师、上海市教书育人楷模等20余项荣誉，连续担任三期上海市班主任带头人工作室主持人，荣膺《班主任》《班主任之友》等杂志封面人物，代表上海市参加首届长三角地区中小学班主任基本功大赛并获初中组一等奖，编著《理想的教室——教育环境布置和空间设计利用》和《打造最美的教室——教室环境布置创意设计与典型案例》。我还先后为全国多省市教师开展讲座，作为中国青基会希望工程特邀讲师，多次利用寒暑假到偏远山区义务送教，分享带班育人的心路历程。

结　语

综观我的班主任生涯，"以美建班，以美润德"始终是我带班育人的重要抓手和突出特色，在育美中育德，在育德中向美。20年来，美育串联起了师生的共同生活和价值观念，形成了"尚美班级"，也涵养着学生的精神成长和品格发展，塑造着美好的心灵。

我一直牢记人民教育家于漪老师的寄语：一辈子做教师，一辈子学做教师。作为一名班龄20年的老班主任，我仍奔赴在学做学生喜欢、家长信任的智慧型班主任的征程上，让美成为带班育人的精髓和灵魂。新时代，新挑战，我将再接再厉，整合一切育人资源，充分发挥自身优势，坚持"以美建班，以美润德"，不断探寻带班育人的新路径，把爱和美的种子播撒在每个学生的心田！

（本方略于2021年参加全国中小学班主任基本功展示交流活动，且被作为典型经验，在国家中小学网络云平台和国家教育资源公共服务平台进行交流展示。）

第三节
主题班会：体现铸魂育人的综合能力

一、什么是主题班会

主题班会是在班主任的主导下，以学生为主体，根据学生的兴趣和身心发展特点，围绕特定教育主题，全体学生共同参与，有计划、有目的地开展形式多样、内容丰富且情境化的教育活动，能够引导学生在认知冲突和思想对话中进行道德交往，激发道德反应，获得道德体验，促进道德发展。主题班会是所有班主任的专业课，是班主任专业化发展的重要途径和评价指标，是落实立德树人根本任务的重要载体。班主任基本功大赛中主题班会环节的设置，目的就是引导班主任重视这项专业课的修炼。能否通过一节班会课对学生开展主题教育，使教育目的融入班会活动中，是对班主任综合能力的重要考量。

二、主题班会有哪些要求

2024年上海市班主任基本功大赛主题班会内容要求有：结合学段特点，以学习贯彻党的二十大精神为主题，深化爱国主义、集体主义、社会主义教育；开展爱党爱国、中国特色社会主义和中国梦、国情和形势政策、中华优秀传统文化等方面的教育，引导学生积极践行社会主义核心价值观，养成良好的思想品德和行为习惯。

全国中小学班主任基本功展示交流活动中主题班会参赛文本要求有：主题鲜明（题目自拟）、目标明确、准备充分、内容紧扣主题、形式新颖多样，注重学生体验感和参与度。文本结构包括班会题目、背景分析、班会目标、班会准备、班会过程、班会后延伸教育活动、班会反思等。5000字左右。

全国中小学班主任基本功展示交流主题班会参赛视频要求有：主题班会实录视频小学不超过40分钟，中学不超过45分钟。

三、主题班会有哪些评价标准

主题班会作为带班育人的重要载体之一，对于学生的全面发展有着不可或缺的作用。而班会评价则是评估班会开展情况的一个重要方式，通过评价来及时完善、调整班会内容和形式，提升班会的实效性。

首先，主题班会评价的目的是改进和提高。评价结果可以从多个方面反映主题班会的效果，包括教育成效、参与度、师生关系等，为下一步的改进提供依据和建议。

其次，主题班会评价可以让师生更好地了解班会的意义和作用。通过评价过程中的反思和总结，可以让师生更加清晰地认识主题班会的意义和作用，进而激发师生开展班会的兴趣和热情，促进主题班会的发展和完善，使其成为更好的教育平台。

下面是第十一届长三角地区中小学班主任基本功大赛和全国中小学班主任基本功展示交流活动主题班会的评审标准，供班主任同行参考借鉴。

第十一届长三角地区中小学班主任基本功大赛主题班会评审标准

维度	评分要点	比重
主体性	凸显学生的主体地位，尊重学生的问题需要和兴趣爱好；强调学生的参与体验和亲身经历，重视学生在活动过程中的自我生成和创造性建构，为学生的自主性发挥开辟广阔的时空。	10%

续表

维度	评分要点	比重
针对性	贴近学生、贴近生活和贴近实际，聚焦一个主题，注重正面引导，紧密联系学生需求和班级实情开展教育活动。	20%
适切性	根据教育规律和学生年龄特点设计活动，目标贴切，主题鲜明，内容丰富，学生活动空间较大；形式多样，生动活泼，为学生所喜闻乐见。	20%
操作性	教育设计体现结构化，具有清晰的层次感，富有内在的逻辑性；实施步骤具体，过程完整，操作性强。	10%
创新性	锐意进取，立意新颖，方法和形式生动、多样，求新忌陈，不落俗套，具有时代特点，富有创意，体现新思路、新角度、新特色和新水平。	20%
规范性	方案书写有必要的元素，符合规范的设计体例；语言文字生动流畅，富有感染力；具有仪式感。	10%
清晰性	画面和声音清晰。	10%

全国中小学班主任基本功展示交流活动主题班会评审标准

评价项目	评价要求
班会选题 （10分）	1. 教育主题明确； 2. 选题聚焦，贴近学生实际； 3. 题目生动鲜活。
背景分析与班会准备 （20分）	1. 清晰阐明选题与教育主题间的关系； 2. 班情学情分析具体、深入； 3. 班会准备充分。
班会目标 （10分）	1. 目标明确、具体、可实现； 2. 关注学生的认知、情感、行为三个维度的有机融合； 3. 表达有层次，结构化。
班会过程 （45分）	1. 环节清晰，结构紧凑，衔接自然； 2. 内容翔实，符合学生年龄特征； 3. 体现师生互动性原则，学生主体性充分体现； 4. 教师引导和点拨恰当，注重学生体验； 5. 课堂实录完整，声音画面清晰。
反思与特色 （15分）	1. 设计延伸活动合理，有教育效果； 2. 反思恰当、深刻； 3. 班会在选题、设计、实施、延伸活动等方面特点鲜明。

四、如何设计好主题班会方案

主题班会应具有明确的问题意识，其主题确立源自班主任对班级成员个体特质与集体态势的全面剖析与精准评估。班会主题应融合对个体关怀与集体需求的考量，精准识别当前存在的问题，指向问题的有效解决。这就要求班主任要基于班情深入、准确地展开分析，形成清晰的育人目标和带班理念。所以，班主任要研究了解不同年段学生的身心发展规律和特点，结合班情、学情，才能设计出系列化的主题班会和主题教育活动，充分发挥学生的主体作用，更好地为学生成长和班集体发展奠基。

主题班会是对班主任综合能力的考查。设计实施主题班会要进一步聚焦主题、明确目标、合理设计活动、注重教育反思，要善于挖掘本地独有的教育资源，贴近学生兴趣和成长需求。开展主题班会时还应进一步思考三个问题：一是如何在主题班会中做到"教师主导，学生主体"；二是爱党爱国、理想信念等宏大教育主题如何更好地贴近学生思想实际和生活实际，在主题班会中做好师生深层次对话；三是如何发挥好主题班会独特的育人作用，更好地设计"以小见大""小问题深挖掘""低起点高立意"的主题班会。

下面是我依据上述三个问题而设计的一个单元主题班会。

"探家乡变化　寻成长榜样　担青春使命"主题班会单元设计

一、教育背景

2021年4月，中共中央办公厅印发了《关于庆祝中国共产党成立100周年组织开展"永远跟党走"群众性主题宣传教育活动的通知》，要求全国大中小学开展"青少年心向党教育活动"，"引导广大青少年加强政治理论学习，加强党史、新中国史、改革开放史、社会主义发展史学习，自觉做中国特色社会主义的坚定信仰者、忠实实践者"。同时，教育部召开党史学习教育动员大会，会议强调要把握青少年特点，贴近青少年需求，着力讲好党的故事、革命的故事、英雄的故事，引导他们听党话、跟党走。让"四史"学习走进青少年，回到历史本身，提升思想认识，正本清源，扣好人生的第一粒扣子，是中学生传承初心、坚定信仰、担当使命的重要渠道。

历史是最好的教科书，学习"四史"，方能知道中国历史和中国人民为何选择了中国共产党、选择了马克思主义、选择了社会主义道路、选择了改革开放，方能在大是大非面前、在平常生活之中始终坚持正确立场，树立坚定信仰，传承初心使命，作出正确判断和选择，自觉成长为一名新时代的奋斗者和建设者，为实现第二个百年目标而不懈努力。

本单元主题班会以中国共产党成立100周年为契机，旨在让学生认识到他们是实现第一个百年奋斗目标的见证者，也是实现第二个百年奋斗目标、建设中国特色社会主义现代化强国的生力军。作为新时代的主人，要铭记党和国家的光辉历史，坚持正确的价值导向，将红色基因融入血脉之中，自觉担当时代使命。

二、学情分析

对于本班学生来说，他们目前处于七年级，认知能力和思维水平都有一定的提升，开始关注周边的事件和国家社会大事，但说到"四史"，学生并不知所以然，主要原因是学生的历史知识尚不完整，对"四史"的认识仅停留在浅层。

但同时，七年级学生也逐步开始用联系的、发展的、全面的观点分析国家和社会现象，他们渴望了解社会，走进社会。在带班育人过程中，我发现他们的思想还不成熟，价值观念还不稳定，容易受到不良思想的影响。例如，我班有部分学生有不理智追星的现象，具体表现为课间频繁议论流量明星，有的甚至投入大量的零花钱为明星打榜或购买明星代言产品。他们对于追星缺乏理性判断，认知还处于崇拜颜值高、光环盛等阶段，更缺少将个人发展和国家发展相结合的意识。

七年级学生正是人生观、价值观、世界观逐步形成的阶段，作为班主任应当引导他们树立正确的"三观"。

三、教育对象

七年级学生。

四、教育目标

1. 认知目标：感受家乡——浦江镇、浦锦街道以及上海市的巨大变迁，以及身边衣、食、住、行和国家科技发展的对比变化，认识到如今取得的伟大成就离不开党的领导和各行各业为国为民的"偶像"人物。

2. 行为目标：通过寻访、讨论等方式，辨析家乡变迁的原因；在优秀榜样的带动下，落实成长目标，提升自我内驱力，向着成为一名创新型人才努力奋斗。

3. 情感目标：通过分享英雄人物和榜样事迹，通过今昔各方面的对比变化及对国家科技进步发展的了解，坚定信仰，增强爱党、爱国、爱家乡的朴素情感。

五、教学设计

本单元以"探家乡变化 寻成长榜样 担青春使命"为主题，从学生熟悉的家乡入手，以小见大带领学生了解家乡的变迁史，将"四史"教育渗透到爱国、爱家乡的情感之中。本单元针对学生学习生活中的真实问题进行精心设计，共分为三课时内容。

第一课时，从家乡巨变中找到发展的根本原因，感悟没有共产党就没有新中国的道理，坚定学生理想信念；第二课时，从学生的成长困惑入手，聚焦追星问题，认识不同时代的"星"，认同人民是真正的英雄偶像，发挥榜样作用，点燃学生眼中光芒；第三课时，结合学生的创新实践，以国家科技创新成就及相关政策为大背景，激发学生为实现科技强国不懈奋斗的情感态度。主要思路见下页图。

"探家长变化 寻成长榜样 担青春使命"主题班会单元设计主要思路

本单元内容丰富，活动形式多样，设计环环相扣，实现了从认知到情感、行为的层层递进，将"四史"学习真正落实到信仰树立与使命担当的行动中。

"探家乡变化 寻成长榜样 担青春使命"主题班会单元设计具体安排如下。

- **第一课时：妈妈教我一支歌——探家乡变化。**

"没有共产党就没有新中国"，绝不是萦绕耳边的一句轻飘飘的话语，而是扎根中国历史和人民生活的每个人的心声。

本节课通过了解中国共产党发展历程及其所取得的伟大成就，对比中国外交今昔情况、"四史"研学情景剧汇报、家乡变迁探访等，回顾党的奋斗历程，感受家乡变迁，引发学生共鸣，使其深刻感受在中国共产党的领导下，身边的交通、教育等各方面所发生的翻天覆地的变化，感知中国发展带来国际地位的巨大变化，认识到今日的幸福生活来之不易，自觉认同没有共产党就没有新中国，没有共产党就没有今天的幸福生活，增进对中国共产党的感恩之情，增强民族自信心与自豪感。

● **第二课时：追这样的星，爱我们的国——寻成长榜样。**

"没有信仰的人如同盲人"，人活着，总要相信一些东西，坚持一些东西。处在青春期的中学生，更需要坚持正确的方向，需要信仰指引他们实现人生的梦想。

本节课通过视频感悟、讨论分享、导师团采访、与偶像隔空对话等形式，带领学生认识不同时代的"星"，了解革命先烈、英雄人物、时代先锋等典型人物的优秀事迹，让学生认识到，正是在中国共产党的领导下，在不同年代、各行各业"星"们的努力下，在全国各族人民的共同努力下，才有了今天强大的祖国。引导学生弘扬正能量，正确追星，向身边优秀的榜样学习并提升责任意识，从小事做起，从现在做起，从点滴做起，将个人梦想与国家未来联系在一起，自觉担当起民族复兴的大任。

● **第三课时：科技筑梦，你我同行——担青春使命。**

当前国际竞争的实质是以经济和科技实力为基础的综合国力的较量。少年强，则国强。科技强国的实现既有前辈们的负重前行，也该有每一位中学生的坚守、创新和默默努力。

本节课以学生对生活中的科技充满兴趣，也乐于参与相关活动为切入点，帮助学生了解科技强国梦，明确在科技强国过程中他们的担当与使命。一方面，结合神舟十三号载人飞船成功发射的新闻，通过观看视频、情境讨论等形式，了解载人飞船、北斗导航等大国重器在军事、交通、生活等方面所发挥的作用，了解党中央决策实施重大科技工程的意义，引导学生切身感受科技改变生活、科技振兴国家。另一方面，通过对中国创新能力全球排名、中外科技进步贡献率等数据分析，探究话题——"中国芯"为何这么难？进一步加深对当前我国科技发展迫切性的认识。此外，结合学生参加的变废为宝垃圾桶等科技创新小发明活动，邀请学生现场交流创新感悟，使其认识到科技创新离不开平时的创新性思维，生活处处有创新，创新应该成为我们的一种生活方式，成为我们应对新时代重重挑战的重要武器，我们也应该向成为一名创新型人才不断努力。通过本节课引导学生关心国家大事，培育创新性思维，激发民族自豪感，激励学生立足当下、明确责任担当、脚踏实地、乘风破浪，把个人梦想与中国梦紧密联系起来，做新时代的追梦人，内化于心、外化于行，树立目标，努力学习，用实际行动践行无悔青春，为建设科技强国贡献自己的力量，为助力实现中国梦而奋斗，达到知、情、意、行的统一。

六、前期准备

1. 教师准备：

（1）下载、剪辑相关图片、视频和音乐材料，制作班会PPT。

（2）打印班级、学生的相关照片。

（3）小组探究汇报《我们的"四史"研学之旅》。

（4）设计任务单，指导学生分小组探究家乡变迁。

（5）邀请本校毕业学生、教师代表参加班会。

（6）设计制作"我的偶像show"卡片，指导学生提前填写、绘画。

（7）指导学生开展革命之"星"、科技之"星"、改革之"星"等主题探究。

2. 学生准备：

（1）创作小组探究汇报《我们的"四史"研学之旅》。

（2）小组探究家乡变迁情况，做好汇报准备。

（3）提前填写、绘制"我的偶像show"卡片。

（4）小组探究革命之"星"、科技之"星"、改革之"星"等主题。

七、教学过程

根据"教学设计"，下面以第一、二课时教案进行说明。

• 第一课时教案 •

妈妈教我一支歌
——探家乡变化

背景分析

2021年是中国共产党建党100周年。从石库门到天安门，中国共产党走过了100年艰苦奋斗的历程。历史和实践均证明，没有共产党就没有新中国，没有共产党就没有今天的幸福生活，中国共产党是中国特色社会主义事业的领导核心。通过问卷调查和平时对学生的观察访谈得知，我所带的七年级学生对党的认知仍停留在表面，对党的历史知识知之甚少，去实地参观过中共一大会址等红色景点的学生不多。在这个特别的日子里，作为沐浴在党的阳光下幸福成长的当代中学生，应该对中国共产党有更进一步的了解和认识，从而增进热爱党、感恩党、亲近党的感情，帮助他们树立正确的人生观和价值观。

教育目标

1. 通过中国外交今昔对比和党的历史探究，回顾党的奋斗历程，认识到党的成立对国家社会发展所产生的重大作用，意识到没有共产党就没有新中国。

2. 通过研学情景剧表演和家乡发展小组探究，体会在党的领导下中国社会生活所产生的翻天覆地的变化，感悟没有共产党就没有今天的幸福生活。

3. 通过诗朗诵和心声倾诉，感悟今天生活的来之不易，增进对中国共产党的感恩之情，增强民族自信心和自豪感。

班会过程

序 曲

教师活动：播放歌曲《妈妈教我一支歌》。
学生活动：聆听歌曲。

> **设计意图**
>
> 《妈妈教我一支歌》是一首耳熟能详的红歌,从暖场到整个班会过程中,始终作为背景音乐来播放。目的是创设情境,烘托气氛,既含蓄又能点明主题——没有共产党就没有新中国。

第一篇章:两张照片看新旧中国

1. 出示《辛丑条约》签约照。

提问:

(1)这是一张百年前的照片,你在照片上看到了什么?

预设:看到了屈辱、弱国的悲哀等。

(2)谁知道这张照片背后的历史故事?

预设:这是 120 年前《辛丑条约》签订时的照片。《辛丑条约》是中国近代史上主权丧失最多、对国家安全危害最严重的不平等条约,进一步加深了帝国主义国家对中国的侵略和殖民统治,标志着中国完全沦为半殖民地半封建社会。

师小结:1901 年八国联军侵华,清政府因软弱无能而被迫求和,派代表与列强签订了丧权辱国的《辛丑条约》。这张照片反映了百年前民族遭受的屈辱。

2. 出示《中美高层战略对话》外交照。

提问:

(1)仔细观察这张照片,大家从这张照片上看到了什么?

预设:看到了平等、中国国力的强盛、中国国际地位的提高等。

(2)谁知道这张照片相关的事情?

预设:这是 2021 年 3 月时中美高层战略对话时的照片。针对美方对中方政策的无理攻击指责以及不遵守外交礼仪,中方代表予以正面回击。

(3)(播放视频《中美高层战略对话》)观看后组织讨论交流:看完这些照片和视频,你有什么感想?

预设:我感到非常骄傲和自豪,中国终于站了起来,有底气去维护我们的国家利益；在党的领导下，中国终于强大了，不会再有国家敢欺负我们了等。

师小结：在党的领导下，中国经历了百年的努力奋进，从站起来到富起来、强起来，中国的面貌已经发生翻天覆地的变化。今天的中国不惹事，但也不怕事。与中国打交道，就要在平等、尊重的基础上进行。这就是中国态度、中国底气。而这一切的变化都离不开我们的领导核心——中国共产党。

设计意图

通过120年前后中国外交照片的对比，凸显出当前中国能够有底气、有能力、有力量去维护国家的尊严和利益，展示出当今中国今非昔比的强盛国力和日益提高的国际地位，引导学生感悟和思考这种变化的根本原因，正确认识党领导下国家发展建设的重要性，增强对祖国的热爱之情和自豪感、归属感。

第二篇章：两张图片了解党的诞生

1. 出示图片：一大会址、红船。

提问：

（1）这是中国共产党的诞生地，同时也是我们上海人民的骄傲，你知道这是什么地方吗？

预设：第一张图是中共一大会址，第二张图是嘉兴南湖的红船。

（2）谁来讲一讲两张照片背后的故事？

预设：这两张照片都和党的诞生有关，是党的诞生地。1921年7月23日，中国共产党第一次全国代表大会在上海兴业路76号举行，不幸受法租界巡捕房的干扰而暂时中断，大会的最后一次会议改在了浙江嘉兴南湖的一艘游船上进行。中共一大的召开标志着中国共产党的正式成立，为处于黑暗之中的中国和中国人民带来了光明和希望。

2. 观看视频《百年风华》。

内容简介：该段视频言简意赅地呈现了中国共产党成立100年来，党领导中国人民所走过的光辉历程,重温重大事件和重要人物,展现所取得的翻天覆地的变化和成就。

学生观看完后分享感悟。

师小结:自成立之日起,中国共产党就以实现中国人民当家作主和中华民族伟大复兴为己任。中国产生了共产党,这是开天辟地的大事变。历史和实践均证明,没有共产党就没有新中国,没有共产党就没有我们现在强大的祖国和幸福的生活。党始终是中国特色社会主义事业的领导核心。不管是过去,还是现在,抑或是未来,我们都要坚持党的领导,把我们的祖国建设得更加繁荣昌盛!

设计意图

通过共产党的诞生地照片和党史视频,明确共产党成立的重大意义,让学生了解在党的领导下,100年来中国社会所发生的翻天覆地的变化,感悟到中国强大实力带来的底气,感受党的伟大,体会没有共产党就没有新中国,增强对党的感情。

第三篇章:研学汇报探访家乡变化

学生"四史"研学成果汇报:《我们的"四史"研学之旅》情景剧。

主要内容:学生汇报暑期"四史"研学成果,感悟家乡变化。回顾探访召稼楼、革新村、中共一大、国歌纪念馆等研学活动的精彩瞬间,展现研学思考和感悟。

合作展示:各小组结合探究任务单,展示探究成果,分别从交通出行变化、校史变迁等方面进行汇报展示。

1. 交通变迁——聚焦交通出行方式变化,感受上海飞速发展成果。

我们小组围绕交通变迁的主题开展了探究,结合日常生活观察、资料搜集以及之前观看的解放日报社《99个瞬间——新上海成长史》专题展览进行研究,发现自新中国成立以来,尤其是改革开放以来,我们的交通出行方式发生了翻天覆地的变化。从自行车到1958年上海第一辆国产轿车"凤凰牌"轿车诞生，在几十年内，汽车开始走进千家万户，便利了人们的生活，成为大家出行的重要工具。1994年12月12日，上海地铁1号线正式开通，人们出行有了更为便捷的交通工具。截至2021年6月，上海地铁运营线路共19条（含磁浮线），在建线路共有9条。根据中国城市轨道交通协会发布的数据，2020年上海地铁日均客运量约774.5万人次，总客运量达到28.3亿人次。1971年上海虹桥国际机场由军民合用改为民航专用，上海浦东国际机场也于1999年建成，两座飞机场方便了人们的远距离出行，也为上海的商贸流通、国际化大都市的建设奠定了坚实基础。

2. 校史变迁——围绕学校今昔对比变化，感悟学校面貌更新内涵。

我们小组认真研究了浦江一中的校史，知道学校至今（2021年）已经有70多年的历史，2002年由陈行中学、题桥中学合并而成，2012年世博中学并入。这是我们学校不同发展阶段的照片，让我们一起走进浦江一中的变迁岁月……通过照片对比，我们可以发现，70多年来浦江一中发生了翻天覆地的变化，我们的校园更优美、更静谧，我们的教室更宽敞、更美丽，我们的设施更全面、更现代化，我们的校服更美观、更实用……我们学校始终坚持"自信教育"的办学理念，在实践中不断调整我们的教育和教学方式，使其更加科学有效。

教师点评小组汇报内容并作小结。

师小结：同学们都围绕党领导下我们自己身边发生的变化进行了探究，都做得非常好！从历史和现实出发，扎根问题深入研究，切实分析我们身边所发生的翻天覆地的变化，再次深刻感受没有共产党，就没有今天的幸福生活，为你们点赞！

设计意图

通过暑期"四史"研学活动和对家乡变迁的探究，学生回顾了研学之旅，观察了家乡和身边的生活，在真实经历和感悟中进一步感知没有共产党就没有今天的幸福生活，激发共鸣之情，增强民族自信心与自豪感。

第四篇章：党旗下的感悟，说句话儿给党听

师生活动：师生共同朗诵诗歌《七月随想》。

师生共同探讨对这首诗歌的认识和感悟。

学生活动：说句话儿给党听。

学生结合本节主题班会以及自身学习与生活，写下自己的感受和体会。

教师活动：播放背景音乐《妈妈教我一支歌》，引导学生将心得体会张贴在班级"童心向党"一角。

师小结：没有共产党就没有新中国，没有共产党就没有我们现在幸福的生活。作为沐浴在党的阳光下幸福成长的当代中学生，我们应该对中国共产党有更进一步的了解和认识，用实际行动热爱党、感恩党、亲近党，听党话、跟党走，承担起我们的责任和使命！

设计意图

由教师和学生共同朗诵和创作，感情真挚，把对党的热爱、赞颂之情表现得淋漓尽致，把主题班会推向高潮。

尾　声

1. 班主任小结。

（1）对全体同学共同参与筹备本次班会表示感谢、鼓励。

（2）倡议学生积极参与到班会的后续活动。

（3）结合本学期"雏鹰争章活动"，呼吁学生积极参与到活动中，积极向团组织靠拢。

2. 后续拓展。

（1）参观上海红色打卡地。

（2）"我和我的家乡"主题摄影展及摄影故事交流。

（3）开展班级学习党史知识竞赛。

设计意图

班主任寄语画龙点睛，升华主题；后续拓展活动环环相扣，将理论学习与实践学习相结合，推动知行合一，为巩固延续教育效果打下基础和作铺垫。

教学反思

本班会课从《妈妈教我一支歌》出发，点明没有共产党就没有新中国的主题，将爱国主义教育一以贯之。通过两张间隔120年的外交照片透视新旧中国的变化，通过中共一大会址、嘉兴南湖红船的图片及《百年风华》视频追忆党的初心使命和奋斗历程。在党的领导下，中国发生了翻天覆地的变化。学生们立足家乡，开展了丰富多彩的研学探究活动，将自己的所见所闻、所思所想凝结成研学情景剧和探究报告，极大地激发了学生的认识和感悟，并通过诗朗诵和说句话儿给党听等环节，使爱党、爱国、爱家乡的情感得到升华，并落地于后续的打卡实践活动中。

本课内容丰富，逻辑清晰，环环相扣，以学生的认识体验和探究表达为主线，突出学生的实践性和生成性，从对党带领国家取得的一系列成就，聚焦到学生身边的家乡巨变，为学生在实践中了解中国共产党、了解中国国情、了解家乡变迁提供了良好的途径，充分发挥了学生的积极性和主动性，让学生真正成为课堂的主人，让爱国情感氤氲升华。

反思整个教学过程，我也发现了一些可以改进的地方，比如在引导学生进行研学探究活动时，可以提供一些具体的指导，帮助他们更好地完成任务，提高探究效果。总的来说，本课的教学设计是成功的，它有效地实现了教学目标，提升了学生的爱国情感和实践能力。在今后的带班育人中，我将继续总结经验教训，不断改进教学方法和手段，为学生提供更加优质的班会课。

【相关链接】

星火中队家乡变迁探访任务单

小队名称	
研究题目	
撰写人	小组成员
研究主题	社会主义新农村建设（　　）　交通出行变化（　　） 校史变迁（　　）　其他（　　）
任务安排	
研究成果	

七月随想

七月的阳光，一如既往地灿烂；

七月的信念，一如既往地生长；

七月的旗帜，一如既往地飘扬；

七月的颂歌，一如既往地嘹亮。

七月，在鲜花的芬芳和笑声中闪亮登场，

我们燃起了100支蜡烛来把我们的党颂扬！

信念打捞着七月鲜亮的波光，

镰刀铁锤放射出永远的金色光芒。

党啊，您是前进中的火炬，引导着我们前进的方向，

您像那喷薄而出的一轮红日，照耀着我们扬起风帆的理想！

风雨兼程中，您带领着我们创造无限辉煌；

岁月磨砺后，绚丽的党旗更红更美无限风光。

历史的车轮滚滚向前，谁也无法阻挡。

遥想当年，在湘江之畔，在黄浦江边，在紫禁城下，在黄鹤楼旁，

您以非凡的魄力，率领百万雄师，追穷寇，缚苍龙，过大江。

从东海到西藏，从南沙到北疆，中华民族挺起了自己的胸膛。

一条条巨龙穿越苍茫大地，一道道彩虹横跨江河之上，

一颗颗星星飞向宇宙蓝天，一系列成果充满祖国城乡。

绿草如茵的七月，耳畔想起的是党的嘱托，

在浦江这片热土，奋斗着一位位优秀的共产党员。

他们廉洁奉公、热心集体、乐于奉献，

他们勇挑重担、情系百姓、注重发展，

他们默默无闻，为鲜红的党旗增彩添光，

他们正在用聪明智慧，与浦江人民一起奔向明天的美好时光。

党旗在空中飘扬，让我们扬帆起航，

我们会让未来的世界充满鸟语花香，让我们的生活绽放和谐光芒。

让我们紧跟着伟大的党，前进！前进！向着光辉灿烂的前方！

• 第二课时教案 •

追这样的星，爱我们的国
——寻成长榜样

背景分析

中国共产党建党 100 周年、中华人民共和国成立 72 周年之际，敬英雄、学模范，见贤思齐。在现代社会，追星已然成为一种潮流。现代信息技术的广泛应用为追星提供了便利，尤其是随着自媒体、短视频平台的兴起，我们与偶像之间

的距离越来越近，偶像的影响也愈发明显。在中学生群体中，追星现象也非常普遍，许多学生都有自己的偶像。偶像作为学生心中的榜样，在有意或无意地发挥着示范作用，对于处于世界观、人生观、价值观形成关键期的青少年学生影响重大。

经过前期调查发现，班级许多学生都有自己的偶像，其中影视明星、歌星最受追捧。当问及追星原因时，不少同学仍停留在颜值高、形象佳等浅层次原因，未进一步深入思考我们到底为什么要追星、我们应该追什么星以及我们应该怎样追星，更缺乏从国家发展角度审视和思考追星对于我们的价值和意义。事实上，在不同时代的发展过程中，各行各业都有自己闪耀的"星"，他们虽不像明星一样广为人知，却是国家和社会发展必不可少的一环。在中国共产党的领导下，在不同年代、各行各业的"星"们的努力下，在全国各族人民的共同努力下，才有了今天强大的祖国，他们才是我们应该了解和学习的"星"。在对青少年追星问题的引导中，必须解决好这些问题和盲区。引导学生从个人发展与国家发展的关系中认识偶像的本质，探究这些问题的答案，能够对青少年作出正确的价值判断和价值选择，在纷繁复杂的价值冲撞中坚守正道、弘扬正能量产生积极作用。

教育目标

1. 认知目标：知道新时代应该追怎样的星，聚焦具有正能量的中国之"星"，体悟他们身上爱党爱国的赤子之情和优秀品质。

2. 情感目标：认同中国之"星"，激发对中国之"星"的敬意，初步培育学生树立成为对社会、对国家有用的人才的信念，从而立志成为报国之才。

3. 行为目标：分辨不理智的追星行为，进一步在日常生活中发展自己，明确应以实际行动来报效祖国，储备爱国力量。

班会过程

第一篇章：我追这些星

教师活动：播放校园采访视频《我追这些星》。

采访中随机提问学生：你追哪些星？为什么？

学生展示：我的偶像我来show。

提问：我们被这些星吸引的原因是什么？（用关键词概括）

教师组织学生回答。

师小结：每个人都有自己喜欢的那个星，有些是明星，有些是影星，也有一些是对社会作出巨大贡献的名人或工匠。有些同学是被他们的颜值吸引，有些是被他们的作品打动，有些则是被他们的精神所感染。（出示课题的前半部分：追这样的星。）

设计意图

通过课前采访、课堂讨论充分打开学生的话匣子。教师认同学生、接纳观点的同时引入话题，为本课作铺垫。

第二篇章：他们这样追星

师：说起追星，有许多不理智的追星举动曾引发社会热议，比如之前的"粉丝打榜投票倒牛奶"事件——为了给心爱的"爱豆"投票打榜，大批牛奶被生生倒掉。事件发生后，北京市广播电视局约谈了相关平台的负责人，责令暂停节目录制。央视新闻等媒体纷纷发表评论，高度重视的背后说明了这不仅仅是浪费食物，更折射出社会大众不当追星行为背后的价值观扭曲。青少年正值价值观塑造的重要时期，我们该怎么正确追星呢？

1.案例呈现：长大后我就成了你。

内容简介：2008年汶川地震中被救出的少年们，没有被灾难击垮，以榜样为力量坚持把梦想变成了现实，用个人的行动践行了青春的诺言。

提问：

（1）少年们为什么能实现梦想？他们需要具备哪些素质或条件？

预设：①正确的榜样（为国为民服务奉献）；②确立目标，想成为这样的人；③自身艰苦的付出、努力；④别人的帮助……

（2）榜样的引领在其中起了什么作用？

预设：目标、正能量、激励……

2. "导师驾到"：我这样追星。

邀请已毕业的学生、教师代表组成成长导师团，学生现场采访，与"导师"互动。

互动问题预设：

（1）你追过哪些星？追星过程中所追对象是否有过变化？

（2）这些星对你有哪些影响？

（3）新时代我们应该如何追星？

师小结：同样是追星，不同的榜样、不同的决心、不同的奋斗历程，造就了截然不同的人生，也影响着未来的中国。同学们，少年强则国强，从现在起，追怎样的星，怎样去追星，这不仅仅是个人的喜好，更是行动，践行青春之理想，造就未来之中国的行动！

设计意图

通过两则社会新闻，正反形成鲜明对比，帮助学生对追星现象进行剖析，进一步思辨青少年应该如何追星。通过"导师驾到"环节，组织现场互动，引出身边的案例，帮助学生多角度看待追星，逐步明确青少年应该理性、正确地追星，初步激发学生成为对社会、对国家有用的人才的信念。

第三篇章：我们要追这样的星

1. "星探"分享会。

各探究小组通过视频、图片、故事等方式分享主题——熠熠星光耀中华。

（1）革命之"星"小组——革命年代中，在共产党的领导下，他们燃烧自己，在黑暗之中摸索前行，建立中华人民共和国。

我们小组给大家推荐一段视频，这段视频选自电视剧《觉醒年代》，是介绍革命烈士陈延年、陈乔年的。他们都是牺牲在上海龙华，为革命献出了宝贵的生命，我们都被深深地感动了。让我们一起来观看。

（2）科技之"星"小组——在新中国成立初期，国家一穷二白之时，他们以青春之躯献给祖国，奔赴祖国戈壁沙漠，一头扎进"两弹一星"的研究中。

我们小组集体观看了电影《我和我的父辈》，其中《诗》这个部分讲的是新中国成立后，国家一穷二白，许多科技工作者奔赴祖国戈壁沙漠。当时条件异常艰苦，他们一头扎进"两弹一星"的研究中，有许多人为此献出了生命，如郭永怀。

（3）改革之"星"——在改革开放时期，他们勇立潮头，奋勇当先，他们推动了时代，时代也成就了他们。

我们小组探究的是改革之"星"。1978年十一届三中全会开启了改革开放的步伐。说到改革之"星"，我们不得不提到总设计师邓小平爷爷，改革之"星"还有……最后我们不得不提到杂交水稻之父袁隆平爷爷，他不仅让中国人吃饱了饭，也造福了全世界人民！

2.师生共同分享交流：新时代下，还有哪些星？

思考：

（1）这些星的共同点是什么？

（2）随着时代变迁，这些星的身上什么在变，什么又是永恒不变的？

师小结：时代在变，环境在变，生活和工作方式在变，但永恒不变的是他们的满腔爱党爱国之志，以身许国之愿。一颗赤心向中华，因为有了他们，才铸就了中华民族的钢铁长城，才托起了中华人民共和国最坚硬的脊梁。星光灿烂耀中华，同学们，抬头看，这些漫天繁"星"还将为我们的未来指引方向。

设计意图

通过梳理时间线，拓宽"星"的范围、内涵，帮助学生打开固有的对"星"的理解与认识，引导学生认识到建国72周年来取得的伟大功绩是由千千万万颗闪亮的"星"共同铸就的。而这些"星"的精神品质是不被时代所淘汰，真正被国家所需要的，也是应该被青少年作为榜样学习的。

第四篇章：我们这样来爱国

问题：我们如何把追具有正能量的中国之"星"和爱国联系起来？

学生讨论并回答。

预设：

（1）传承"星"的爱国精神，提升自己的判断力，不随波逐流。

（2）把"星"为国为民的奉献精神落实到日常的学习、生活和行为中。

（3）找到自己的兴趣并坚持下去。

"星"语心愿：完善"我的偶像show"卡，写一写如何进一步向自己的偶像学习或通过学习这节课对主题更新的感悟和认识。

师小结：在家国信念上，我们要爱党爱国。在人生目标上，要利国利民，做有益于国家的人。今天我们思考未来的同时，也应当励志将爱国落实到个人行为上。我们不仅为中国之"星"点赞，更要用实际行动为成为一个有益于国家的人作好准备，做一个有爱国力的新时代好少年！（出示完整课题：追这样的星，爱我们的国——寻成长榜样。）

> **设计意图**
>
> 通过问题将思考聚焦到爱国的实际行动上，通过学生的现场生成来引导学生追怎样的星，怎样来爱国。将本课的认知推向导行，激发学生以实际行动来报效祖国，储备爱国力量。

尾 声

1.班主任小结：同学们，今天我们一起追了不同年代的"星"。在中国共产党的领导下，在不同年代、各行各业的"星"们的努力下，在全国各族人民的共同努力下，才有了今天的中国。感谢导师团的老师、家长，也感谢同学们的认真参与。

希望通过这节课，同学们未来能更加珍惜美好生活和优越的学习环境，追随正能量，努力学习，勤奋读书，把全心全意为人民服务作为自己生活的准则和追求！长大后"我"就成了"你"，有这么优秀的偶像，相信我们一定能做好党的接班人和国家的建设者!

2. 后续拓展。

（1）采访校园、社区、家庭等身边的"星"，记录整理他们的事迹。

（2）组建班级"群星宣讲团"，在班级进行群星事迹宣讲，进一步传承爱国心，弘扬正能量。

（3）完善自己的成长"星"计划，落实到实际学习生活中，并定期进行总结、反馈。

设计意图

班主任殷殷寄语，指明未来努力方向，升华主题，后续拓展丰富多彩，推动理论与实践的统一，巩固升华教育效果。

教学反思

本课基于学生的年龄特点和认知需求，以爱国主义为核心的精神作为引领，通过把追星作为切入口，从"我追这些星""他们这样追星""我们要追这样的星""我们这样来爱国"等几个篇章层层推进，从追星的行为表征直击深层问题，即价值观的误区，致力于通过对追星问题背后所蕴藏价值观的澄清，促进学生形成正确的价值观。通过"导师驾到"、教师讲述、案例呈现等教学形式带领学生走进中国之"星"，拓宽"星"的范围、内涵，帮助学生打开固有的对"星"的理解与认识，使其爱国的价值观念落地生根，为学生的成长提供源源不断的精神动力，最终实现导行的目的。

本课教学目标设计清晰明了，紧密围绕班级学生中出现的实际问题，贴近学生实际，符合学生的年龄特征和身心发展特点，在教学实践过程中目标达成度较高。本课教学环节逻辑性强，环环相扣，层层递进，教育资源的取材富有正反对比的矛盾，让学生在矛盾中学会自我剖析、自我判断、自我选择，一步步澄清追星与爱国的关系，推动学生形成正确的价值观。

最后的延伸拓展活动则进一步夯实了教育的效果，做到导情于行，知行合一。

【相关链接】

"我的偶像show"卡

（本系列主题班会方案中第二课时教案《追这样的星，爱我们的国——寻成长榜样》于2021年参加全国中小学班主任基本功展示交流活动。该课堂实录作为典型经验，在国家中小学网络云平台和国家教育资源公共服务平台进行交流展示。）

五、如何开展不同形式的主题班会

除了常规的主题班会，班主任有时还要结合上级部门的要求或学生成长的需求开展一些特定主题的班会，如普法类、心理健康类等类型的主题班会。

在新的教育背景下，学生的心理健康发展愈发受到重视。作为新时代的班主任，有必要学习和掌握一定的心理学知识，更好地助力学生身心健康成长。我们常说：教育的每一天都是新的。有一段时间，我的班主任工作遇到了困惑——我突然感到自己与学生、家长在沟通方面遇到了瓶颈。为了掌握科学的沟通技巧和方法，更好地走进学生心灵，更有效地联合家长开展家校共育，2009年，我放弃了近一年的双休日，参加了心理学相关培训，并最终取得国家二级心理咨询师的资格证书。

在日常的带班育人工作中，我注重把握学生的身心特点和发展规律，及时关注他们的心理变化。遇到问题时，我除了向学校专职心理教师请教，还积极尝试通过开展心理健康类的主题班会来化解学生成长中的危机，获得了良好的教育效果。下面是2013年3月首届上海市班主任带头人（瞿新忠）工作室终期展示时我上的一节心理健康类主题班会的教案。

我的情绪我做主
——心理健康类主题班会教案

一、班会背景

《中小学心理健康教育指导纲要（2012年修订）》指出："中小学心理健康教育，是提高中小学生心理素质、促进其身心健康和谐发展的教育，是进一步加强和改进中小学德育工作、全面推进素质教育的重要组成部分。中小学生正处在身心发展的重要时期，随着生理、心理的发育和发展、社会阅历的扩展及思维方式的变化，特别是面对社会竞争的压力，他们在学习、生活、自我意识、情绪调适、人际交往和升学就业等方面，会遇到各种各样的心理困扰或问题。因此，在中小学开展心理健康教育，是学生身心健康成长的需要，是全面推进素质教育的必然要求。"

我所带的六年级学生正处在青春期前期，他们随着生理的逐渐成熟，情绪波动较大，个性逐渐形成，叛逆心理日益加重，但他们同时又缺乏控制情绪的能力。因此，在日常的生活和学习中，如何看待情绪问题以及如何调控自己的情绪是班主任工作的重要内容。作为一名班主任，有必要让学生在感悟情绪多样与复杂的基础上，树立"我的情绪我做主"的掌控意识。本节课以认识和控制情绪为线索，初步教给学生控制情绪的方法，通过心理辅导的技巧和方法，解决学生成长中的困惑和问题，达到育人的目的和价值。

二、班会目标

1. 认识情绪及其基本类型与表现形式。

2. 通过对情绪的认识，增强情绪体验能力，探讨不同的看法如何影响人的情绪体验。

3. 初步掌握调控情绪的方法，感悟乐观、健康的心态的作用，树立"我的情绪我做主"的掌控意识。

三、班会对象

上海市闵行区浦江第三中学六（4）班学生。

四、班会时长

40分钟。

五、班会形式

游戏、小品、讨论、小组交流、师生交流等。

六、班会准备

教师准备：策划游戏，制作PPT，指导学生演绎小品。

学生准备：排练小品。

七、班会过程

教学环节	教师活动	学生活动	设计意图
热身游戏，走近情绪	1.带领学生进行热身游戏《打手背》： （1）示范游戏的方法，邻座的两个同学之间开展游戏。 （2）讲清游戏规则和注意事项，以体验为主，不能用力过大，以免将对方打痛。 2.游戏结束后请学生谈谈参与游戏的感受和情绪变化： （1）当你去打对方手背时你有什么感受？ （2）当对方打你的手背时你又有什么感受？ （3）人们对事物的感受和体验又称人的什么？ 3.教师总结，导入新课。	1.在教师的指导下参与游戏。 2.通过参与游戏，体验不同的情绪。 3.游戏结束，结合游戏谈谈自己处在不同角色时的感受和心情，讨论交流，回答老师提出的问题。	《打手背》这个游戏，一方面起到课前暖场的作用，让学生放松身心，激发学生的学习兴趣，积极投入课堂；另一方面，让学生走近情绪，引出主题。
探讨交流，认识情绪	提问1：除了刚才游戏中同学们所表现的情绪，你还能说出有哪些情绪表现吗？ 小结：情绪又称心情、感受或感觉，是我们对事物的态度体验，也是需要得到满足与否的反应。 提问2：人最基本的情绪可以概括为哪些？ 小结：人类具有四大基本情绪——喜、怒、哀、惧。 提问3：你是如何观察到人的情绪的？说一说表达不同情绪类型的词语或成语。 小结：情绪很容易被发现，所谓"喜形于色"，在脸上就能表现出来。 多媒体课件显示四张面谱及四种基本情绪。	结合教师提问，讨论交流并回答问题： 1.理解情绪的含义后进行列举。 2.通过表情、动作等掌握情绪识别的密码。 3.小组合作，交流讨论有关表现"喜、怒、哀、惧"不同情绪的词语或成语，并列举出来。	将抽象的概念形象化、具体化，引导学生较好地认识什么是情绪及其表现形式，为接下来课堂的深入开展奠定基础。

续表

教学环节	教师活动	学生活动	设计意图
创设情境，体验情绪	1. 人生体验场。 （1）得到老师或父母夸奖时，产生（　）之情。 （2）学习成绩明显下降时，产生（　）之情。 （3）听到别人说自己的坏话，产生（　）之情。 （4）看到美好的事物，产生（　）之情。 （5）看到丑陋的现象，产生（　）之情。 （6）中国女足失利了，产生（　）之情。 （7）神舟九号载人飞行圆满成功，产生（　）之情。 2. 提问：不同的事情人们为什么会产生不同的情绪体验呢？ 3. 出示漫画：不同的人面对下雨天不同的情绪反应。 提问：同样是下雨，为什么会引起不同的情绪呢？探讨影响个人情绪的原因。 4. 播放情景剧场。 情绪就像神奇果，会对人产生神奇的作用，有时它会使人精神焕发、干劲倍增，有时它会使人无精打采、萎靡不振。 介绍心理学中的"踢猫效应"。 总结：情绪影响着人们的行为，影响着人们的生活。情绪不仅会影响个人，还会影响周边的人和其所在的集体。	1. 通过"人生体验场"，小组讨论交流并回答情绪是如何产生的。 2. 观看漫画，认识到不同的人对事情有不同的想法和看法会导致不同的情绪。 3. 观看情景剧场，体会情绪的积极作用和消极作用，认识不同情绪对人身体、人际关系等的影响。	通过一系列不同的情境，体验不同的事情会引发人们产生不同的情绪。认识到不同的情绪不仅影响人们的行为，还影响人们的生活。其中，积极的情绪有助于引出积极的行为，最终得到积极的结果。反之，则导致消极的结果。
变换方法，调控情绪	1. 班级情景剧：学生表演小品《课间十分钟》。 提问：剧中处理和发泄情绪的做法是否合理？ 请学生尝试表演自己认为正确的做法。 小结：为了自身更好地成长，为了集体和家庭更加和谐，我们要学会控制消极情绪，释放积极情绪，积聚正能量。 2. PPT展示控制不良情绪的几种方法：写日记、听音乐、读书看报、找人倾诉等。 3. 总结调节情绪的方法，并辅以简单解释： （1）认识改变法。 （2）注意转移法。 （3）合理发泄法。 （4）理智控制法。	1. 表演小品，重现生活，并讨论交流：学习了情绪对人的行为和生活的影响后，我们在学习和生活中应该怎样合理控制、调节自己的情绪？ 2. 重新演绎小品，引发思考。 3. 总结巩固调节情绪的方法。	通过观看小品、重演小品等形式，掌握调节情绪的方法和技巧，学会在日常学习和生活中合理宣泄、掌控自己的情绪。

续表

教学环节	教师活动	学生活动	设计意图
实践操作，主宰情绪	1.说明手掌图绘画的方法，并要求学生写出最近两周自己的主要情绪，小组讨论解决的方法： （1）回忆经历。 （2）在指甲上写上情绪。 （3）在手指上写上产生情绪的事件。 （4）在手掌上写上处理方法。 2.情绪名言赏析。	1.按要求进行手掌图绘画，并进行讨论交流，完成实践操作。 2.小组代表交流。 3.欣赏关于情绪的名言。	通过绘制手掌图，让学生学会理论联系自身实际，巩固运用合理调控情绪的方法和技巧。
总结升华，宣布下课	1.教师总结：生活就像一面镜子，你对它哭，它也对你哭；你对它笑，它也对你笑。让自己拥有快乐的情绪，做个快乐的人，做一个正能量的传递者，我们的生活才会更幸福，我们的集体才会更加和谐，我们每一个人才能更好地发展。老师祝愿我们每一位同学都拥有快乐的情绪，每天都过得开开心心！ 2.课后拓展。 （1）和家人分享今天的内容，介绍调控情绪的技巧。 （2）收集调控情绪的名言好句，和同学们一起赏析。 3.播放《幸福拍手歌》音乐，并带领学生动起来，宣布下课。	随着轻松的音乐摆动身体，唱响《幸福拍手歌》。	通过全班演唱《幸福拍手歌》，体验快乐的、积极的情绪给人带来的舒畅感，巩固本节课的教学效果。

如果说育人故事更多地指向学生个体，要体现班主任育人工作的情境性、复杂性，带班育人方略就是面向集体、针对集体开展的教育，应体现班主任工作的系统性、整体性，二者之间是点与面的关系。主题班会则是从学生个体或班级集体存在的问题出发，如手机管理、网络安全、青少年交往等，以解决学生社会性学习与发展问题为目标开展的主题教育活动。问题指向而非知识取向是主题班会与学科教学之间最大的区别。

从2012年参加首届长三角地区中小学班主任基本功大赛到2021年参加全

国中小学班主任基本功展示交流活动，这一系列的参赛历程，既充满了挑战与艰辛，又满载着收获与充实，交织着痛苦与快乐。这些大赛不仅促使我不断成长与蜕变，更让我深刻地意识到：作为班主任，提升专业素养的重要性无可替代。

曾经，我以为理论学习和研究是教育专家的事，一线班主任只要带好班级，懂实践操作即可，但参加的这些大赛，颠覆了我的想法。在备赛首届长三角地区中小学班主任基本功大赛的三个月里，我翻阅了五六十本德育书籍和杂志；参加完比赛，我有一种豁然开朗的感觉，不是因为自己荣获了一等奖，而是通过这段历程，我懂得了理论学习的重要性。理论学习就像灯塔，指引着我们实践和前进的方向。大赛更让我认识到班主任是一门专业，只有树立终身学习的意识，才能为班主任专业化发展奠基。以前我们常说：要给学生一杯水，教师自己先要有一桶水。然而，在"互联网+"的时代，在信息爆炸和知识极速更新的今天，学生是空杯，教师是空桶，大家一起来舀水。

附

拨动学生心弦的艺术

——第九届长三角地区中小学班主任基本功大赛
主题论坛暨颁奖仪式上海历届获奖教师展示

展示时间：2020 年 11 月 20 日上午

展示地点：上海市崇明中学图书馆报告厅

展示形式：TED 演讲和诗朗诵

展示主题：最美的邂逅——我和长三角大赛

展示成员：

TED 演讲：洪耀伟，首届长三角地区中小学班主任基本功大赛初中组一等奖获得者；付丽旻，第二届长三角地区中小学班主任基本功大赛初中组一等奖获得者

诗朗诵：洪耀伟、付丽旻及历届长三角地区中小学班主任基本功大赛上海获奖选手代表

坚 守

洪耀伟：2012年，我参加了首届长三角地区中小学班主任基本功大赛，这成了我班主任生涯中的里程碑。我是一名美术老师，担任班主任，曾经我也在家长怀疑的目光中，彷徨过，犹豫过，经常自问，我能成为一名好的班主任吗？是长三角大赛让我坚信：班主任也是一门专业，不管是什么学科的老师，只要有对班主任专业成长的自觉和追求，就能成为一名合格的班主任，也能成为一名有特色的班主任。回顾参赛过程，有压力，有挑战，有收获，更有成长……可以说，是痛并快乐着。作为一线班主任，平时更多的是实践经验，理论知识是我的短板。但就在备赛的三个月中，我阅读了五六十本专业书籍，学习让我的实践更具有了方向性和科学性，备赛、参赛的过程也让我更体会到了做一名班主任的价值感和获得感，坚定了我的职业信念。如今的我，依然是一名一线班主任。我在班主任岗位上已经走了近20年，这期间，我坚守、学习、成长，最终收获人生的幸福。我想：这就是大赛带给我的实实在在的收获！

突 破

付丽旻：2013年我参加了第二届长三角大赛，这一年也正好是我从教的第24年。作为一名老班主任，当时的我也正面临发展的瓶颈期——是安于现状，还是努力去追求从优秀到卓越的飞跃。是长三角大赛给了我突破的勇气和动力。在大赛的教育情境分析面试环节，我感悟到只有透过表象深入分析研究，才能找准、把握更好的教育契机，找到更有价值的策略。也让我深刻地感受到一个好班主任，不仅需要专业情怀，更需要专业能力的提升和育人理念的更新。以往我认为关注学生个体发展和价值实现、爱岗敬业无私奉献的就是好老师，但大赛的经历让我反思，作为一名高中班主任，在学生"三观"形成的重要时期，班主任的使命和职责到底是什么？该把怎样的建设者和接班人交给未来？于是"研究"成了我班主任生涯中新的突破点。2014年我接任了一个年级中人人望而生畏的班级。我接纳学生的现状，研究学生成长的差异性、规律性，研究带班育人的新方法、新策略，倾听学生和家长的诉求，研究社会对教育的要求和期待。这个班也从"十豪班"变为"爱心班",从年级垫底成长为普陀区先进班集体。我还记得那年填报志愿的时候,一个家境优越的男生填报了消防院校的化学防爆专业,他坚定地说:"老师,您还记得以往班会课上我们探讨的案例吗?用专业报效祖国,是我理性的选择。"不断突破让我在拥有 30 多年教龄的今天,依然可以与时俱进,走在专业成长的路上。

共　生

洪耀伟：大赛还给我提供了更为广阔的舞台。我连续三期、六年担任上海市班主任带头人工作室主持人；今年,我还担任了上海市劳模(德育)创新工作室的领衔人,和更多志同道合的伙伴一起,在带班育人的道路上探索,在学习中成长,在实践中提升,实现班主任专业化发展的共生融合。

付丽旻：大赛之后,我从上海市班主任带头人到上海市双名工程攻关计划主持人,在团队中依托问题研究,形成专业发展自觉,跟一群优秀的德育人,把工作中的热点、痛点、难点问题都变成专业发展的生长点。我们在实践中成长,在互助中共赢。

诗朗诵

最美的邂逅

还是这样的秋天,

还是熟悉的场景,

我们相约长三角班主任基本功大赛。

提升专业素养,

增强育人智慧；

立足班主任岗位是我们不变的情怀,

追求卓越是我们专业成长的远方；

蓦然回首,才发现

这是我们德育人最美丽的邂逅。

以赛促研、赛训一体，
这是优秀班主任的竞技场，
这里有德育人思维火花的碰撞。

在这里，
共同研究，互相促进，
与时俱进，突破自我，
相约长三角班主任基本功大赛，
我们迈上了成长的新阶梯。

有人说：一个人能走得快，
我们说：一群人才能走得更远。
最美的遇见，
让我们遇见了无限可能的自己，
去拥抱无限美丽的明天。

带着满载的收获回归平静，
揣着浓浓的师爱踏实笃行，
相约明年，
相约长三角，
相约班主任成长的盛会。
不忘初心，砥砺前行，
肩负培育时代新人的重任，
承担学生人生导师的职责，
在立德树人的征程上，让我们再相逢。

进阶篇

班主任从带班育人到领航学习共同体

班主任学习共同体促进了班主任个人专业的突破式发展。一些优秀的班主任基于在带班育人过程中积累的深厚经验和卓越智慧，在市区级班主任工作室中被委任为主持人，其角色由带班育人转变为建设德育团队，发挥着示范引领的作用。还有一些优秀的班主任，他们渴望提升自身的专业素养和能力，自发自主地投入到团队中进行学习研修。在班主任学习共同体中，班主任互相切磋交流，明晰专业发展需求，激发自我发展潜能，最终促进教育教学效能提升。

第一节

凝心聚力：打造团队特色文化和工作机制

为坚持立德树人这一根本任务，深化班主任专业思想，丰富班主任专业知识和专业能力，促进班主任队伍专业化发展，构筑班主任队伍的人才高地，上海市自2011年起，以带头人名字命名，建立了首期"上海市中小学班主任带头人工作室"，至今已开展到第六期。

我是上海市首期班主任带头人（瞿新忠）工作室的学员并担任工作室的班长。在这一期的学习中，我收获了显著的成长与蜕变。2013年6月，我有幸通过选拔成为第二期上海市班主任带头人，主持上海市班主任带头人（洪耀伟）工作室。自此，我在原有班主任职责的基础上，又承担了引领团队共同发展的角色与重任。

截至2021年6月，八年时间，我连续担任了三期上海市班主任带头人工作室主持人，带教培养了30余位优秀班主任。2018年12月起，我担任上海市劳模（德育）创新工作室领衔人。

工作室主持人作为工作室的领衔人，其专业能力和人格魅力对团队成员起着重要的引领作用。主持人通过自身示范，为团队成员树立专业成长的榜样，激发学员自我提升的内驱力。要做好工作室主持人，先要进行准确的角色定位。主持人是组织者、参与者，同时也是服务者。带团队和带班级有异曲同工之处，都要结合成员（学员、学生）的实际情况和成长需求，建设团队文化，搭建成长平台，凝聚力量，彰显个性，共生共长。

工作室培训以"自主研修—理论学习—实践探索—项目研究—总结反思—辐射引领"为主线，积极探索多种培训方式，如集中培训与个别交流相结合、自主研修与专家辅导相融合、理论学习与实践创新相契合、校际交流与校本实践相吻合，多种方式提高了培训实效。立足当代教师的发展，我们对班主任工作所面临的新情况、新问题、新困惑进行了研究，拓宽了教育视野，提高了理论素养，激发了学员的专业成长自觉，让学员形成具有个人特色的带班育人风格，成为在市、区中具有一定影响力的班主任。

一、制定规划，激发班主任专业化发展的内驱力

学员的专业发展是工作室的生命线。工作室学员本身已有较高的起点，在带班育人方面有一定的思考和实践，如何在已有的基础上寻求个人专业发展的高水平突破，这是值得思索的问题。学员的主动性和积极性是他们学习能否取得成效的先决条件。个人成长规划的确立，可以帮助学员明确自身发展目标，有效地激发他们实现目标的内驱力，也为主持人进行个性化指导奠定基础。因此，工作室成立后的首要任务就是指导学员制定个人成长规划，明确自身的发展目标（具体例子可见下表）。

上海市第三期班主任带头人（洪耀伟）工作室学员个人成长规划表

姓名	李薇	任教学校	奉贤区实验中学		
性别	女	所带班级	六（1）班	任教学科	语文
出生年月	1980.06	教龄	13年	班龄	6年
现状分析	我的优势	1. 喜欢思考，热爱阅读； 2. 参加过多类班主任培训和国家级比赛； 3. 积累了许多先进的带班育人理念； 4. 大多数情况下思路比较清楚，口齿较为清晰； 5. 做事严谨认真。			

续表

现状分析	我的劣势	1. 学校工作繁多，自主时间不够； 2. 有时脾气比较急躁。
	我的科研经历	1. 曾经独立完成过区级语文学科课题"利用'综合学习'来提高城乡结合地区初中学生语文学习能力的实践研究"，也曾与多人合作完成多个区级语文学科课题。目前申报的区德育课题"基于初中学生阶段性发展特征有效开展序列化家庭教育指导的实践研究"已立项，正在研究之中； 2.《找寻回家的金钥匙》个别化教育案例收录在《拨动学生心弦的艺术》一书中； 3.《菜花节里的"光盘行动"》获上海市少先队教科研成果二等奖。
	我最关心的德育话题	1. 德育高级班主任申报； 2. 班主任专业化能力； 3. 中西方教育差异； 4. 有效的班级管理方法； 5. 主题班会活动的多途径探索。
目标设定	我的教育生涯成长目标	1. 更有效地进行班级管理； 2. 更深入地走进每一个孩子的内心； 3. 形成自己的教育风格； 4. 完成多个教育科研成果； 5. 评上德育高级职称； 6. 成为市、区级班主任工作室带头人。
	我的班主任工作成长目标	1. 更有效地进行班级管理； 2. 更简单高效地获得家长、领导的认可； 3. 形成自己的教育风格。
	我的育德能力成长目标	1. 提升班级管理的技术与艺术； 2. 阅读更多的教育教学专著； 3. 掌握教育教学规律； 4. 有更好的、独立的教科研能力。
培训期待	我对带头人的期待	1. 传授带班育人经验； 2. 组织教科研并予以指导。
	我对工作室的期待	1. 能建立深厚的友谊，互相温暖，互相帮助； 2. 交流经验，优势互补，共同成长； 3. 团队合作完成教科研活动。

续表

培训期待	我的个人学习需求	1. 能突破班会活动的既有模式； 2. 能提高教科研能力； 3. 能学到更多体现个人智慧的班级管理的方法。
	我的学习成果期待	1. 主题班会活动更具多样性； 2. 有独立的教科研成果； 3. 为评定德育高级作好准备。
备注		

学员个人成长规划初步制定后，主持人和导师进行把脉诊断，分析学员的基本情况，结合学员的个性特长和潜在优势，帮助他们明确具体目标。学员根据主持人和导师的意见修改并完善自己的成长规划，为后续培训奠定重要基础。

二、凝聚力量，打造温馨、和谐的工作室团队文化

工作室团队文化是指工作室全体成员在相互合作、学习、交流的过程中，为实现各自的人生价值，并为完成团队共同目标而形成的一种潜意识文化，包含价值观、道德风尚、最高目标、管理制度、行为准则等内容。工作室主持人以工作室全体成员为培养对象，通过宣传、教育、培训和文化娱乐、交心联谊等方式，最大限度地统一成员意志，规范成员行为，凝聚成员力量，形成独特的团队文化，为实现工作室团队总目标服务。

我们常说，要做有温度的教育，其实工作室的建设、运营也需要温度。在这方面，我会特别注意人文关怀。比如，有位学员的父亲生了重病，来上海就医。手术很成功，老人恢复得也不错。在学员父亲出院回家休养期间，我刚好有几张音乐会的演出票，就把票给了学员，告诉他如果老人身体允许，可以带着去欣赏音乐会，调节一下心情。后来，学员感动地说："作为民族音乐的'发烧友'，爸爸看了演出后很激动，他说这是他平生第一次在这样高雅的场所享受艺术盛宴……"在团队建设过程中，类似的小事很多。

在大家的共同努力下，我们工作室变成了一个温馨、和谐的小家，促使每位学员持续成长进步。这里不仅有浓浓的学术氛围，也充满着暖暖的人情味。

工作室每次组织活动，无论路程远近，学员们都到得很早、很齐，这令我非常感动。有一次，我们到郊区一位学员的学校访学，亲自体验后，才得知她参加工作室活动实属不易——来回一趟将近三个小时。后来，我给工作室提了一条建议：认真组织和策划每一次活动，让每一位学员，尤其是那些路途遥远的学员学有所获。也许我们的工作室不是最优秀的，但我们要力争打造最努力、最温情、最有特色的团队。

工作室团队建设并非简单的排列组合过程，而是一项要求深度融合、协同进步的学习型共同体构建任务。其中，文化建设和内涵发展显得尤为重要，事关工作室的价值凝聚和目标追求。

1. 策划室名、室标，增强团队凝聚力和归属感

策划设计工作室名称和标志，对建设团队文化具有深远意义。团队标志作为一种象征，能够增强团队认同感，强化团队归属感。其特定的元素图案是工作室核心价值观的体现，学员设计、认同室标的过程也是熏陶浸润、价值内化、行动践行的过程。作为美术老师，指导徽章设计时，我也融入了自身对带领团队的理解和追求，将工作室的建设目标定位为三点：（1）成为真正的引领者；（2）成就一支中青年班主任骨干队伍；（3）创建共同成长的班主任工作室文化。

工作室成立后，我做的第一件事就是和学员共同给工作室起室名、设计室标。我主持的第一期工作室的室名为"微STYLE工坊"，工作室标志整体看似一位低头思考者的形象，绿色部分像一双大手，寓意呵护学员的心灵成长。同时又像是变形的数字"11"，象征着工作室11位学员在导师、专家的引领下同舟共济，精诚合作，共同成长。

第一期室标

第二期工作室室标的寓意为"活力四射，团结协作"。设计元素是一个人体形态的抽象图案。设计理念有两点：一是我们团队当时共有5名男教师，7名女教师，故将工作室室名定为"非常5+7"；二是整个标志的直观形象是一棵树的造型，运用红蓝两色，树形饱满，充满青春气息，有紧密团结、勃勃生机之意，寓意团队成员同舟共济，不断成长。

第二期室标

第三期工作室的室名为"星耀10·08"。"10·08"是指2018年10月8日，这一天是第三期工作室成立后第一次真正意义上的培训活动，具有特别的意义，所以，在讨论设计室标时，团队成员一致商定用这一天的日期作为工作室的室名。室标中间金黄色的圆环内是一颗意象的星星，蓝红相间。同时它又像一个昂首阔步前行的人，点明立德树人是教育的首要任务这一主旨。"星耀"，顾名思义，是经过两年的研修，每个成员都能成为带班育人的闪耀新星。班长王建民老师很有创意地把工作室室标设计成徽章，研修活动时学员们都佩戴上，有一种特别的仪式感，彼此的心也贴得更近了。

第三期室标

策划设计工作室名称和标志，在短时间内有力地增强了团队的凝聚力，为接下来的两年研修奠定了坚实的基础。

2. 发挥学员专长，构架团队基本运营管理机制

我的工作室团队的成员均为上海市各区的优秀骨干班主任，他们年富力强，充满朝气，个个都是才华出众。为了发挥学员们各自的特长和成长的主

动性,我把工作室分为三个部门:学习部、宣传部、生活部。学习部承担着每次研修活动的作业收缴工作,同时也负责布置预习任务。在项目研究中,学习部负责搜集、整理相关资料和打印、装订等任务。学习部长要有较强的组织能力,能够以身作则。宣传部的主要任务是推送工作室团队微信公众号,宣传工作室团队所开展的活动,更好地辐射引领一线班主任。宣传部长信息技术要过硬,要善于编辑并具有较好的审美能力。生活部主要任务是负责团队外出访学、交流时的生活所需,如交通路线规划、参观考察与高雅艺术欣赏的票务及内容筛选与推荐等,这就要求生活部长是个特别热爱生活的人,还要具有相对丰富的人生阅历和对生活品质的追求。

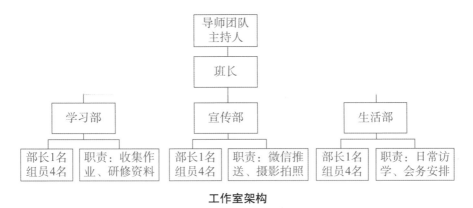

工作室架构

工作室还需要一个能满足学员学习需求的场所。我所在学校对我个人和工作室都给予了很大的支持,专门腾出一个 50 余平方米的空间作为工作室的活动场地,分为接待区、办公区和研讨区。我和学员们尽量把它装点得简洁、温馨,因为这里不仅是团队共同研修学习的场所,更是团队成员互诉甘苦的秘密基地。

除了这些硬件,团队的文化建设和形成更体现在学员之间和谐的人际关系上。工作室提供了一个互动交流、共同成长的平台。这个平台也是一个小型的人际关系场域。工作室主持人与学员、学员与学员之间良好的关系不仅直接影响团队的发展,还对团队凝聚力的形成及学员的专业成长起到催化、提速的作用。如何让学员产生归属感,提高团队的凝聚力呢?抓住教育

工作室空间布置

契机，能够实现团队关系的跃升。在团队研修中有时也会遇到一些困难，比如，在团队成立初期，学员的团队规则意识还不强，有时在培训结束后不能准时按要求上交规定的研修作业，需要我和学习部长不断催促才能交齐。一开始，我难免会有些情绪，但冷静下来，换位思考后，我觉得还是要互相尊重理解。工作室的学员大部分都是工具学科教师，除了担任班主任，大部分都承担两个班的教学任务，不少学员还兼任年级组长或教研组长，工作强度可想而知。我想，我要设身处地去理解学员，也要处处以身作则——要求学员做到的，我自己先要做到。于是，我带头开展班主任讲座交流，带头进行课题研究和课例撰写。一段时间后，团队中不按时交作业的现象得到了很大的改善。

带团队的这些年，我和来自上海各区的班主任携手同行，教学相长，开展了许多有特色的个性化研修活动，取得了一定的研修成果。工作室也因特色的研修模式受到外界的关注，如《中国教师报》记者马朝宏老师于2017年对工作室团队建设运营和研修模式作了专题报道。

洪耀伟班主任带头人工作室："非常5+7"不走寻常路

5月16日，周二。苏州市吴中区城西教育联盟的40多位老师，早上6点乘大巴赶往上海，他们的目的地是上海市闵行区浦江一中。浦江一中，是一所普通的初级中学，普通到许多上海人都没有听说过。但是这所学校里有一颗闪耀的星——洪耀伟，他的荣誉多得数不过来：全国优秀教师、上海市劳模、上海市教书育人楷模、上海市优秀家庭教育指导者、上海市优秀班主任……去年6月，洪耀伟到苏州交流访学，一场关于如何做班主任的报告吸引了苏州的同行，他们决定一定要到浦江一中去看看。

五年前，上海市闵行第三中学的朱超要准备他人生中的第一堂区级主题教育课，区里帮他安排了洪耀伟做指导老师。"浦江一中？不是名校啊，那老师又是何方神圣？"这是朱超接到通知后的第一反应。于是，他带着怀疑和忐忑走进了浦江一中。没想到，自此开始，他与洪耀伟的师生缘分会一直延续至今。

2016年初，朱超成为洪耀伟工作室的第三期成员，与洪耀伟的接触比之前多了很多。随着对洪老师的深入了解，他对洪耀伟的佩服和尊敬，早已超越了他身上的那些荣誉，如他的无私与奉献、他的智慧与努力、他的低调、他的以身作则……

一、这个班主任是美术老师

1998年，刚刚大学毕业的洪耀伟来到浦江一中。那时的浦江镇还是农村，一中就是一所地道的乡镇中学——被许多年轻人认为是"恶劣"的生存和成长环境。洪耀伟是教美术的。在农村学校，在那个年代，美术是不受重视的学科之一。然而，年轻的他被任命做班主任。

"至今，我仍然记得做班主任后的第一次尴尬经历。那是新生入学时的家长会，许多家长得知自己孩子的班主任是美术老师后，由最初的窃窃私语发展到大声质问：美术老师怎么能做班主任？把我的孩子调到别的班级！"突如其来的发难，让洪耀伟蒙了。他向家长承诺，给他一个学期的时间，如果学期结束时还不满意，他自己要求"下课"。其实，当时说这话的时候，他心里是没底气的。晚上，躺在床上，想着白天家长们的议论，年轻的他第一次失眠了。

第二天他就开始家访，用了近一个月，他家访了班级所有的学生。很多家长被他的诚意所感动。

在很多人看来，班主任工作很琐碎，但洪耀伟不觉得琐碎。在他这里，从来没有一件一件的"事"，他觉得都是机会——孩子的一举一动和喜怒哀乐的背后，都是介入他们成长的机会。他总觉得自己有责任用心去体会他们幼小而丰富的内心世界，尽自己最大可能给他们的成长提供正确而适时的帮助。因为这样的工作初衷，决定了他的工作方式和工作内容从来都不是学校的规定动作，也不是跟哪个名师学的，而是根据自己的需要和思考原创的。

他不但自己家访，还约上学科教师一起去，他说这样更有针对性；他开家长会，不是一起开，而是根据学生的情况把家长分成几批——分层家长会，然后把不同的学科教师和家长组合，分批分次进行。一开始大家还不理解，别人开家长会一会儿就完事了，而他的家长会要持续一个上午。后来，任课教师理解了，因为他们发现这样的家长会效果特别好。

洪耀伟还和学生一起追星，让明星也成为教育资源；他结合自己的美术专业，把好多在家长看来都没有了前途的孩子送进了美术院校；他把毕业生请回来给现在的学生交流，名曰"学长驾到"。

他的班级管理要求全员参与，他会千方百计地挖掘孩子身上的任何一个微小优点。有个叫小雅的孩子说："老师，我没有任何优点。"洪耀伟说："你有优点，你的头发就梳得很整齐。"于是她成了图书角的管理员，图书角因此命名为"'小雅'书舍"。洪耀伟是学美术的，长得文质彬彬，当他发现自己班的孩子体质不好时，竟然带着他们打篮球。他说："当老师的幸福就是来的时候，有些男生只到你肩膀高，而走的时候你只到他们肩膀高。"

有一次，他在食堂碰到一个学生拿着一堆香蕉要去扔。这个学生不是自己班上的，但他还是把他叫住了，把香蕉留下来，一直吃到皮黑了才吃完。洪耀伟说，虽然现在条件好了，即便不讲艰苦，但也不能浪费。"生活即教育。如果自己都不能被生活感动，不能传递给学生真善美，就不是合格的老师。"洪耀伟总是以身作则，他对学生要求什么，自己会先做到。暑假里，他给孩子晒自己的暑假生活：他几乎每天都过着"朝八晚五"的生活。因为平时工作忙，没多少时间顾及自己的美术专业，所以，假期里他每天都到学校办公室里写字、画画。

2015年，他被评为"上海市教书育人楷模"。面对这一荣誉，一向谦卑的洪耀伟几乎把所有奖金都拿出来，给学校的教职员工每人买了一个礼物，包括门卫和清洁工师傅。"离开了老师和学生，我什么都不是。"洪耀伟总是这么说。

前几年，校长希望他能做点行政工作。冒着"得罪"校长的风险，他还是拒绝了。至今，他还只是一名美术老师，一名班主任。不同的是，如今，每当他接手一个新班级时，总有不少学生家长指名道姓地要孩子进他的班。而且，他不再是孤单作战，他有了"小伙伴"。

二、"洪教主"和他的"非常5+7"

"小伙伴"，是洪耀伟工作室成员之间的称呼。"不在特别官方的场合，我从来不说'学员'，大家都是相互学习，我也不是什么导师。"洪耀伟解释道。同样地，只有在非常正式的场合，工作室成员才称他为"洪老师"。私底下，他有多个称谓：他们喊他"师父"，觉得他有着长者的厚重、智慧与深沉；男老师喊他"教主"，因为他拥有让他们膜拜的魅力；有的老师喊他"老大"，因为他总是时刻为他们着想，为他们搭建各种展示的舞台。

工作室一共有12个人，包括洪耀伟在内，他们自称"非常5+7"。

说起"非常5+7"，背后也有故事。众所周知，初中女班主任多，女老师有特有的优势：对孩子有天然的亲和力，语言表达能力好。很多人认为，工作室成员多招几个女老师，将来好出成果，因为女老师会说。但洪耀伟却千方百计招了4个男老师，其中有一个是交材料晚了，他给"捡"回来的。"我就是觉得好的男班主任太少了，能多带几个就带几个吧。对于出成果，我也没想那么多。"他这样说。

这些成员都是洪耀伟精挑细选的，除了教育行政部门组织的面试，他自己都要一一打电话再进行面试。

"请问陈老师，文件中有这么多位带头人，为什么会选择我的工作室呢？你方便回答吗？""陈老师，我有注意到你住在松江区，离市区比较远，如果你面试通过，参与到我们工作室，一个月至少会有两次活动，到时你能克服距离上的困难,保证参与每次活动吗?""我们以后的活动和任务会比较多。你一边带班,一边还要完成工作室布置的相关作业,你能保证时间吗?"……松江区三新学校的陈至今还记得当时洪耀伟提出的一系列问题。当时他就感觉到,来这个工作室不是来"贴金"的,是要真干活的。对于女教师,洪耀伟甚至都会谈到是否打算近期要孩子的问题,他希望来的人都能真心投入时间和精力,学有所成。

进入的门槛不低,但只要进来了,洪耀伟就不会放弃任何一个。

郭杰,一个沉默而倔强的年轻人。进入工作室不到半年,就因为个人原因从原来的学校离职了,因为自信心和自尊心受到伤害,让他一度不愿意再做老师。离职后的第二天,他给洪耀伟打了一个电话,电话里,他满是无奈和歉意,但电话那头,满是担心和关切。郭杰这样形容当时的感受:"电话那头似乎有一只强有力的手臂一下子伸了过来,一把拉住了我,'工作室你就参加着,这对你也是很有好处的,你没有必要放弃!'"郭杰虽然离职了,但洪耀伟总是有意无意地安排他一些任务,他说是因为郭杰有"空"。"我知道那是不希望我失去前行的动力。"郭杰说,"因为洪老师,我开始挽留我自己,我重新回到了学校,回到了教师岗位。"经历了这件事,郭杰对"非常5+7"的感情格外深,洪耀伟在他的心里已经不再仅仅是老师、"教主",而又多了一个身份——挚友。

三、"同患难,共担当"的美妙体验

上海市班主任带头人工作室的培训内容有两块:一是通识培训——上海市工作室学员一起学习理论知识;二是自主培训,即各工作室结合自身特点,确定研究方向后,开展一系列的实践活动或学习。

到了自主培训阶段,学员们关于"是循规蹈矩还是不走寻常路"展开了激烈的讨论。最后,他们将自主培训主题定为:班级布置和空间设计利用。确定各类研究子项目后,每位学员选择自己较感兴趣的方向展开研究。

小小的三尺讲台,方方正正的教室,该如何让其生出"教育之花"?因为该研究比较独特,有出版社邀约洪耀伟把研究成果整理成一本公开出版物。这对大家来说，当然是好事。

原本，他们都认为出书很简单，实际操作起来才发现，困难很大——大家拿出的初稿离编辑的要求甚远，因此，就一次次地"磨书稿"。小伙伴都是身兼数职的班主任，平时根本没时间，只能利用晚上或者周末，磨谁的稿子就都赶到他所在的学校。工作到深夜，也是常有的事。一周时间写下的稿子，大家一碰头可能又要被推倒重来。这让上海市蒙山中学的管红娟几乎处于崩溃的边缘。她是个很努力的老师，之前参与编写过好几本书，但就是在这次磨书稿的过程中，她产生了职业生涯中第一次想放弃的念头。

洪耀伟特地找管红娟聊了聊。"洪老师，我怕我是武夫弄墨。""管呀，你放心，这个项目大家都是盲人摸象，但只要我们一起研讨，一步一步走踏实，肯定能弄得很好！""但我怕文笔不够优美，拖团队的后腿。""你已经有较为成熟的构思了，不要焦虑，到时大家一块儿研讨，灵感就来了。"就这样，在一来一回的交流中，管红娟心中的顾虑少了很多。洪耀伟自己也承担了两个章节的撰写任务，但不管磨谁的稿，他都参加。洪耀伟说，他要做小伙伴们的工作，其实自己心里也没有什么底气，只是咬定一个信念——一定要走下去。

管红娟坚持下来了，虽然书稿弄完后她病了长达半月有余。也许是这件事情对她影响太深，说起磨稿，她竟然忍不住流下眼泪，但她说，现在回忆起那段时光，心中竟有丝丝的甜蜜。

两个多月下来，大家不知因为书稿争吵过多少次，但也因此变得无话不谈，有几天不见，就会感到想念。"什么时候再磨稿啊？"大家竟然有了这样的念头。

"我们工作室12个人，就像一个尼龙袋里装的大闸蟹，你的爪子搭在他的肚子上，他的钳子敲打着你的背，聚在一起吐着泡泡，抑或是谁挣扎着想要爬出去，而不断踩着大家组成的'蟹梯'。"郭杰的一句话，把大家之间的那种亲密与矛盾、依赖与竞争，把共同成长过程中的种种艰辛甚至不堪，都表达出来了。

"以前参加过很多培训学习，请来专家，大家集中在一起听课、鼓掌，最后再写写心得体会，培训就算完成了……但当我们回顾这段工作室经历时，会有'同患难，共担当'的美妙体验，在不断的思维和智慧的碰撞中，一次次冲击心灵，一次次正视自己的教育，使自己清晰地认识到作为教育工作者所要承担的责任。"上海交大附属第二中学的钱坤说。

名师工作室究竟应该给其参与者带来些什么？它不应是简单的具体知识和方法，而应是一种学习的态度、一种思维的方式、一种独立思考和刻苦钻研的精神。成长，是让不同人有不同的思考，但归根结底，是对教育本源的追寻。

（本文刊载于2017年6月14日《中国教师报》第8版。）

附

像诗人一样，把爱和美的种子播撒在学生心田
刘敏、欧道悦

"我的孩子小学很优秀的，怎么分到了一个美术老师做班主任的班级？我们要调班！"在一次新生家长会上，有家长站起来大声质问，当场发难。面对有点尴尬的场面，洪耀伟老师微笑着承诺："请给我一个学期，到了期末如果大家还不满意，我主动'下课'。"这是当初洪老师刚接手中六（2）班时发生的事。

1998年，洪耀伟老师从上海师范大学美术教育专业毕业，他获得了全班唯一的留沪名额，成为闵行区浦江地区一所偏僻农村学校陈行中学（现在的浦江一中）的一名美术老师。

通常，班主任是由语数外等"主科"和"文化课"教师担任的。有一天，校领导找到洪耀伟，问他是否愿意带一个班，做班主任。"我是教美术的，我能行吗？"他感到很意外。

校领导鼓励他试一试，或许会有新变化。这一试，就是20年。后来美术老师洪耀伟成为上海市优秀班主任、教书育人楷模、班主任学科带头人、班主任带头人工作室主持人，上海市劳模，市、区劳模创新工作室主持人，德育特级教师，全国优秀教师。他曾代表上海市参加首届长三角地区中小学班主任基本

功大赛，并荣获初中组一等奖。

他有"三头六臂"吗？其实站在学生面前的他，个子不高，头发不长，儒雅温和，面带微笑，普普通通，没有人们常见的棱角分明、特立独行的美术老师范儿，但是擅长工笔画和书法的洪老师的确有其独特的魅力和"魔法"。

"杂牌军"的孩子王："我的学生都是好孩子"

最初，洪耀伟老师带的班被老师们私下称为"杂牌军"，因为这个班上大多数学生跟不上原班级的学业进度，行为习惯较差。

班上有个叫小杰的男生十分厌学，上课经常梦见周公。因此，语数外门门功课都不及格。家长也撒手不管，教师更是头痛难管。第一节美术课上，洪老师让学生从生活中选材，随心所欲地画一幅作品。也许是对"美术老师兼班主任"比较好奇，小杰破天荒地没有睡，勉强拿起笔来，临摹了一个食品包装袋上的卡通 logo，并交了上去。洪老师看后眼前一亮："你画的线条很棒，画得太好了！"

小杰眼前一亮——因为他第一次听到有人夸赞他。从此，他对画画产生了兴趣，上课也打起了精神。

洪老师找来《红楼梦》《三国演义》的绣像，让他临摹，到了周末，带着他和其他同学一起学习素描、写生。从临摹那天开始，小杰越画越好，学习也有了动力，文化课也达标了，最终考入 所大学美术学院的艺术设计专业，毕业后成了一家知名游戏软件开发公司的设计总监，再后来和大学同学成立了一家设计公司。不久前，他还邀请洪老师做证婚人。婚礼上，面对满堂亲友，他动情地说，上七年级的时候，洪老师在一节美术课上表扬了他六七次，那是他人生中第一次受到表扬。洪老师的话就像一座灯塔，引领了他整个人生。

那时，面对别人眼中的"杂牌军"，洪老师总是说："我的学生都是好孩子。"对像小杰一样的学生，他极力用"放大镜"去发现其优点和特长，时常夸赞和鼓励。他常说一句话："你很有才，你一定要坚持。"

美术特长是他做班主任的独特优势。他经常免费辅导学生画画，与学生成为朋友。一名毕业多年的学生后来回忆：一次周末，洪老师带着他们坐了半天的公交车，从浦江到市区福州路买绘画用品。"在学生成长的过程中，班主任要随时介入，关注他们的一言一行和喜怒哀乐，走进他们幼小但丰富的内心世界，尽自己最大的努力为学生的成长提供正确而适时的帮助""当孩子感到被赞美、被关爱、被信任，奇迹不久后就会出现在你眼前"。洪老师就是这样用心关注、呵护、欣赏他的"杂牌军们"，用极强的亲和力，一天天走进了学生的心里。在他充满爱意的鼓励中，班风明显好转，学生学业成绩逐步提高；在他充满审美的目光里，不少人（包括家长）眼里的学困生，成为美术专业的有用人才。

"洪家班"的掌门人："石头其实不是石头"

这次，洪耀伟老师又带了一个班级。虽然不再是"杂牌军"，但也有一些问题学生，还有不少外来务工人员子女。这些孩子普遍缺少关爱和关注，学习成绩一般，性格比较叛逆。其中有一个男生，性格孤僻，整天闷闷不乐。他来自单亲家庭，父母离异后就没有再见过父亲。还有一个女生，因为父母的管理和教育方式"简单粗暴"，她叛逆地把一头黑发染成黄发，在校园中形单影只、特立独行。

为了当好"孩子王"，洪老师特地考了国家二级心理咨询师资格证。面对这类学生，他多了些细致，多关注，多说话，耐心、真诚，常常俯下身子，让他们感到被关注、被尊重、被欣赏。八小时工作外，他经常上门家访。见不到面，就发短信或微信，帮助家长改变对待孩子的态度和方法。久而久之，每位家长都被感动了，觉得自己对孩子的了解和关爱远远不如老师。

面对产生厌学情绪、不肯上学的学生，洪老师早早买好早餐，去家里接学生一起上学；遇到放学下雨，洪老师怕没带伞的学生淋雨受凉，就开车送学生回家；逢年过节，他把离异家庭缺失陪伴和关心的孩子带到家里，做饭给他们吃……再顽皮、叛逆的孩子都是聪明、懂事的孩子，他们都能感知洪老师的细心、用心、耐心。不久，他问学生对班级有何感受。那个性格孤僻的男生说："我有了父爱的感觉。"那个女孩悄悄地把黄头发染回了黑色……

在"洪家班"，这样的例子还有很多。小雅很自卑。一次，她丧气地对洪老师说："老师，我没有任何优点。"洪老师不假思索地说："你有优点，你的头发就梳得很整齐。"于是小雅成为班级图书角的管理员。在小雅的细心照管下，图书角还被命名为"'小雅'书舍"。

英国教育家斯宾塞说:"教育是为完满的生活作准备。"在很多人眼里,班主任工作很琐碎,但每一件事在洪老师看来都是教育的机会——学生的一举一动、喜怒哀乐,都是教育介入的机会。最好的教育,是从"心"出发,尊重学生,助力学生快乐成长。

洪老师的女儿在小学期间讲过一个故事——《我是一块小小的石头》。

一次去公园玩,我们捡了几块石头回家,爸爸画了月光下的树,妈妈画了海边的一家人,我画了一只可爱的企鹅。没有生命的石头,一下子变成了漂亮的艺术品。爸爸告诉我,要让一块块普通的石头变成艺术品,需要用心描绘,用爱刻画。

其实这个故事也给了洪耀伟老师很大的启发和很多的灵感。他的工作室至今都收藏着一些漂亮的石头。从背面看都是普通的石头,但是从正面瞧都是一幅幅漂亮的画。这些都是以前的学生画的,时间久了,有些颜色已经脱落。他说,学生们就像一块块普通的石头,如果你用心描绘、用爱刻画、用美引导,石头就不只是石头,都能成为独一无二的艺术品。

教育是神奇的。"我见青山多妩媚,料青山见我应如是。"洪老师比别人多了一双发现美的眼睛,以及一种创造美的能力。

洪耀伟工作室:"化有限平方为无限立方"

在育人实践中,洪老师总是要求自己做得更细、更小,想得更深、更远、更专业。当大家习惯于关注宏大的教育课题,习惯于"做大做强"的时候,他关注的是环境育人,把精力与目光聚焦在日常细微而琐碎的常规工作上,建设班级空间文化,营造美好的教室,用他的妙招,彰显"小世界,大道理"。

他尝试从班级做起,从小事做起,从影响教室环境文化的点滴做起,施展环境育人的魔力。他带着学生思考和改变教室,引导学生参与空间设计,制定生活规则,让班级变得更美好,培养学生自由平等、公平守约的公民意识,让他们在细小的岗位上得到锻炼，加强自我管理，做教室的小主人。

上海地区春季潮湿多雨。起初同学们把雨伞放在教室门口、走廊、窗台上，到处滴水。瓷砖地面湿滑，走路不安全。在美术课上，洪老师就带领学生设计了一个带活动托盘的不锈钢铝合金雨伞架，请一位家长帮忙制作，放在教室的一角。下雨的时候，第一个到校的学生自觉地把雨伞架放到教室门口，并放好伞，其他同学依次整整齐齐地放好雨伞，滴落的雨水都收集在托盘里，保持了教室的干净整洁；放学后，最后一个离开的孩子取走伞后，把托盘里的水倒掉，再把雨伞架归回原位。小小的雨伞架不仅改善了环境，也培养了学生的集体荣誉感和个人责任感，引导学生养成服务他人的好习惯。

在洪老师的班级里，处处都体现着这样的细节之美。教室后面的空间容易杂乱，他就设计款式，请家长帮忙制作成颜色漂亮的柜子，用于收纳学生的学习和生活用品。连随意散落在角落里的扫帚、拖把、畚箕，也都被收纳在各自的箱体中。墙面的布置、前后黑板功能的区分、窗帘的选择、励志格言的呈现，都体现着"洪家班"的特点。

洪老师说："作为一名班主任，首先要懂得生活，理解美，只有这样才能培养出热爱生活的孩子。"教室是学习生活的大本营，也是孩子们智慧的百宝箱。他充分发挥美术设计的优势，引导孩子和家长参与设计制作，让教室空间变得更加整洁、温馨，让班级文化看得见、摸得着，构建学生生命成长的理想空间，"化有限平方为无限立方"。

打造学生喜欢的理想教室是洪老师的小小梦想。结合多年的实践，他提出了打造理想教室"共生、美育、人本、承启、发展"的原则。自2013年起，洪耀伟担任上海市第二、三、四期班主任带头人工作室的主持人，带教来自全市各区的30多位骨干班主任。以他命名的市区两级创新工作室不仅延续了他的育人理念，也促进了全市班主任的经验交流。2017年，12位班主任在洪耀伟老师的引领下，收获了别具匠心的实践研究成果——由华东师范大学出版社出版发行的《理想的教室——教室环境布置和空间设计利用》。

浦江一中校长汤林表示，老子言"治大国如烹小鲜"，洪老师说"带小班亦如治大国"。他尊重和顺应学生的需求和特点，真正从学生的角度看待身边的人与物，回归教育的本质，为理想教室的设计开拓了一个全新的视角。

上海市中小学德育研究会班主任专业委员会主任黄静华赞叹：想不到小小的教室竟如此灵动、美好，如此富有诗意……教室，不仅仅是传统意义上的物理空间，而且是能让孩子快乐学习、诗意生活的成长空间。

如今，洪老师和他的徒弟已多次受邀为上海市及其他省市开展班主任工作培训和互访交流。而且，他们最新的实践研究成果《打造最美的教室——教室环境布置创意设计与典型案例》也已经出版发行。

从"心"出发，用爱陪伴，以美导航，像诗人一样，把爱和美的种子不断地播撒在学生心田，洪耀伟老师的育人理念和劳模精神在悄悄蔓延……

（本文收录于2021年出版的《致敬，闵行教育的引领者》一书中，文字略有改动。）

第二节

共营成长：探索多元研修形式和建设路径

工作室学员发展的本质是实现自我驱动的发展，而学习、反思和研讨构成了这一过程中至关重要的环节。工作室在建设理念中，要着重突出两个要素：一是建立健全的管理体系，并构筑一个多元化的学习交流平台，促进知识和经验共享；二是探索多途径培训模式，提高学习成效，促进成员通过这些模式获得实质性的进步。这样，整个团队就会朝着更高层次的专业素养前进。

一、让工作室成为多元学习的殿堂

1. 向名师学

工作室学习的方式应该是多元的。我们要向名师学，向工作室中德高望重的导师汲取智慧。比如，采取"走出去，请进来"的方式，工作室的小伙伴们不仅学习理论和经验，更注重培养高尚的师德。在多轮培训中，我也结识了许多优秀的同行，积累了丰富的名师资源。我将这些名师请进工作室，对学员们进行指导。此外，全国有许多班主任名师，我们可以通过媒体、报告、视频等方式，跨越地域限制，向这些名师学习。这样的多元学习方式极大地拓宽了我们的视野，丰富了我们的知识储备，促进了我们的专业成长。

2. 向书籍学

向书本学习是提升德育专业素养，寻找带班育人工作新的增长点的重要途径。通过阅读，能够以学促研，进而指导自己在教育教学实践中不断开拓创新。所以我们要向书籍学，多研读教育经典著作，勤写读书笔记，理论联系实践，开展读书交流活动，以共享学习的成果与感悟。班主任们的阅读视野不应只局限于德育和教育领域，也可阅读人文、自然、社科类读物，以拓宽知识边界，培养综合素养。工作室的主持人要肩负起指导团队成员对阅读内容进行系统分类和精编精选的责任，同时要鼓励学员们撰写读书心得或报告，以此促进他们成长，为班主任工作的创新发展注入新的活力。

3. 向同伴学

"三人行，必有我师焉。"工作室的学员具有不同的专业优势和特长，学员之间通过交流与分享，可以相互学习育德经验和专业知识，从而丰富自己的知识储备，提升教育教学能力，最终实现互补和共同成长。

工作室学员相互学习、共同成长

都是有故事的人
——记洪耀伟工作室志同道合、有情有义的小伙伴们
上海市闵行区君莲学校　魏芳芳

经过近两个月几近崩溃的疯狂磨书稿后,每次再聚的工作室活动竟有了要散的感觉,不禁悲从心起。原以为两年的培训学习是漫长的过程,可当我们"非常5+7"的小伙伴们经历那些集中培训、网上磨班会方案、深夜磨书稿、路边吃烧饼的美好时光后,才发现这份由学而生的情竟是如此难忘,如此独具魅力。因为每个小伙伴身上的故事都是如此精彩,我动情写下的文字也只是他们的一个剪影,远不能还原他们身上的魅力。

洪耀伟,比我大不了几岁的工作室主持人,身上的故事太多太多,就是我花上三天三夜长篇连载也不能尽述他的人格魅力、近乎疯狂的敬业和对学生满满的爱。网上输入"洪耀伟"三个字,约12900个相关结果会给你呈现一位名师的风采。

朱超,工作室的班长,海拔最高、颜值爆表的阳光大男孩。每次活动提前一个小时到场的是他,每次磨书稿必到场的是他,每次研讨给出精彩点评的是他,面对专家机智应对、口若悬河的还是他,所以,他是当之无愧的班长。

郭杰,眯着小眼睛,长着小虎牙,对人"嘿嘿"笑,被大家调侃为"老男人"的"大哥大"。班长说他是活在云端上的神仙,因为他的脑袋里总是有你想不到的观点,云里雾里地让你听不懂,可是只要仔细思考,细细琢磨,就会发现全是你想不到的智慧。

陈伟,大家都说他是比女人还漂亮的男人,教过街舞、计算机,现在教数学,吟诗诵词信手拈来,可谓百变金刚"潮流男"。如果你在网上输入"小伟心声",就知道这个漂亮的男人怀着怎样的柔情爱着他的学生。

钱坤,我一直以为这个男生是和我一样的年龄,因为他的稳重与温暖,竟不知他比我小很多。不管去哪里,主动做司机、接送伙伴的他永远不急不躁,却也有着不服输的坚持与韧性。作为学习委员的坤坤,总会耐心温柔地提醒大家该交作业了,可谓"暖男"一枚。

葛慧，有着两条大长腿的高挑女生，人如其名，满身的智慧。她布置的教室有你意想不到的温馨细节；她能带着区级班主任工作室写书、做课题；她能在三天之内给你一篇9000多字的黑板报大全；她还是那个你永远都想倾诉的对象，因为她是那样的善解人意……

罗燕，因为招牌动作而获得了"托腮沉思美女神"的称号。当大家正在为磨书稿而争论不休时，这个"托腮女子"在旁边悠悠地说："我要是读者，才不要看这么多废话呢！"众人一愣，"你啥意思？"接下来，她一番论述，告诉了我们什么是"读者意识"，就这样改变了我们整本书的风格。

李薇，一个说话丝毫不留情面，直接但又让人无法逃避的"犀利姐"。帮她磨书稿的时候，我们抓住机会进行"报复"——绞尽脑汁、拓宽思路，给她提出多种意见。渐渐地，我们发现，自己学会了多角度思考，学会了批判性思维，才明白原来"犀利姐"独到的见解后面有着强大的思辨能力和博大的文化支撑。

管红娟，这个编了多本数学书的"大姐大"，在书稿攻坚阶段眼看就要收官时，因为与编辑的意见不合差点放弃，硬是被小伙伴们"威逼利诱"经历炼狱般的痛苦到顺利完稿。没想到竟因这个小插曲改变了管姐的心态，激发了她的写作灵感，自信和勇气蜂拥而至。现在她不写则已，一写就一发而不可收，再说写书，两眼放光。

顾颉，工作室最小的小师妹。在大多数班主任还没弄清工作是啥以前，她已经在班主任圈里做得风生水起了，家校沟通技巧、班级管理智慧、主题班会展示样样擅长。别看她年龄小，还真有两把刷子。

刘佳，这个每次活动都千里迢迢从虹口区赶过来的精致女子，是工作室的御用摄影师，一场讲座下来，几百张照片当天就能传上。另外，这个小女子在工作室里是最贴心、最勤快的，端茶倒水、点餐洗水果，无微不至。

最后剩下的人就是我啦。其实我身上的故事也很多，但因为我比较低调，如果你想知道还是去问洪老师吧，嘿嘿！

（本文刊载于2017年6月14日《中国教师报》第8版。）

工作室要组织学员深入基层学校，开展一系列的寻访活动，包括观摩、交流、研讨、评析和论坛互动等，以此促进教育理念和教学方法的交融与碰撞。同时，应与其他工作室进行互访，参观学习，聆听专家讲座，观摩主题班会，并通过说课磨课、观课评课、同课异构等活动，提高学员开展主题教育的能力。比如，针对中小学衔接教育及大中小学德育一体化建设等问题，我们工作室与小学、高中班主任工作室一起进行互动研讨，共同探索解决之道。

4. 跨界学习

我们常说，跳出教育看教育，会有不一样的收获。除了开展班主任的专业学习，工作室还多领域、多角度地组织了富有特色的跨界学习。作为主持人，我持有国家二级心理咨询师上岗证书，充分利用专业领域内的优质资源为工作室学员搭建更广阔的学习平台，组织了一系列的跨界学习，如聆听心理讲座、看画展、欣赏舞剧等。一个懂得美、热爱生活的班主任，才能带出热爱生活的学生。我们走近美术名师，听他们阐释美育如何细腻地滋养人的心灵，追求教育过程中的艺术境界；我们走进各大美展，近距离感受艺术家们极具代表性的系列作品，领略其非凡的创作意境，品味画家用生命追求理想的励志人生；我们走进剧院，欣赏话剧、音乐剧、舞剧及杂技等高雅艺术。杂技《战上海》《ERA 时空之旅》，舞剧《野斑马》，芭蕾舞《天鹅湖》……都让我们在近距离感受艺术家高超技艺的同时，提高了审美能力和艺术修养。这些跨界的讲座和艺术鉴赏活动，提升了学员们的综合素养，开阔了他们的教育视野，受到他们的欢迎和青睐。

二、让工作室成为行动研究的阵地

教育和教育研究是不可分割的。我们工作室聚焦实践总结、自我反思、难题会诊等方面，以任务驱动、项目引领，走进教室、走近学生，开展行动研究。

第一期，工作室以"初中主题班会进行社会主义核心价值观教育的实践研究"为研究项目，旨在通过主题教育活动培育初中生的社会主义核心价值观，侧重点是公民个人层面的价值准则，聚焦"诚信、爱国、敬业、友善"，在初中各年级进行分层实践和研究。此研究提升了班主任围绕社会主义核心价值观开展主题教育并把这些研究成果转化为培训课程的能力。

聚焦"初中生社会主义核心价值观培养"，我们初步撰写了初中阶段开展社会主义核心价值观主题班会的系列课例，形成了可供辐射迁移的"初中生核心价值观主题教育"的课程资源。团队依据"内在机制"理论，提炼出了开设"社会主义核心价值观教育"主题班会的一般思路、有效方法以及评价指标。该项目的实践研究不仅促进了工作室学员的班主任专业成长，也提升了学员开展主题教育的能力。

人创造环境，环境塑造人。学校和教室环境布置及空间设计利用在学生成长过程中起着举足轻重的作用。经过前期的调查问卷和聚焦研讨，第二期，工作室把"打造理想教室——教室环境布置和空间利用设计"定为研究项目。打造理想的教室是建设校园文化的一个重要抓手，也是班主任环境育人的重要途径。教室合理的环境布置和空间设计利用又是打造理想教室文化的重要载体。因而，该项目以打造理想教室为主线，以教室物理空间利用和环境布置为抓手，充分开发教室的空间资源和育人功能。教室环境布置分别从黑板报、图书角、卫生角、个性化区角等着手，教室空间设计利用主要从地面空间、墙壁空间、门窗空间、黑板空间、桌椅空间、讲台空间等着手，旨在为一线班主任和教师同行在打造理想教室方面提供参考和借鉴。

该项目共分三个阶段进行：

第一阶段——理论研究阶段。这一阶段，学员们学习文献、理论以及打造理想教室的相关技能。本阶段除了学员自行学习相关文件和理论，我还请专家把脉指导，以确保学习的时效性。

第二阶段——实施阶段。这一阶段工作室的每个学员根据各自所带年级的特点，分工展开实践研究。期间，我们数次到学员学校和教室进行实地考察、学习。学员们集思广益，反复整改，并在此基础上撰写所负责子项目的初稿。

第三阶段——总结阶段。在这一阶段，团队将理论与实际相联系，收集汇总研究成果，最终形成专著《理想的教室——教室环境布置和空间设计利用》。这本书为一线班主任在教室环境布置和空间利用设计方面提供了可供借鉴的范例。本项目的实践研究也提升了学员带班育人的能力，促进了他们的专业成长。

工作室第二期的成果展示

《理想的教室——教室环境布置和空间设计利用》出版后，在一线班主任中反响热烈，被誉为教室环境布置的工具书。出版社建议工作室有针对性地持续研究，作出特色，争取再出一本教室环境布置的升级版的工具书，作为《理想的教室——教室环境布置和空间设计利用》的姊妹篇。为此，第三期工作室把"打造最美的教室——创建不同风格和特色的教室环境文化"定为研究项目。在第二期工作室研究的基础上，学员们将自身专业特长和班级环境文化打造相结合，探索实践不同风格的主题和环境文化打造经验。经过团队齐心协力，2020年12月，第三期工作室项目研究成果《打造最美的教室——教室环境布置创意设计与典型案例》一书面世。该书共分五个部分，呈现了11个风格不一的教室环境文化打造的过程。这11个教室展示的是11位班主任、11个班级的故事，也是10所学校德育工作各自特色的展示窗口。这本书以我个人的"最美风教室"开篇，继而通过四个主题——活力四射的空间、知识学习的空间、节日传承的空间和与时俱进的空间，依次展现了10位教师的独特风格："和雅风""动感风""能量风""乐学风""学科风""节日风""中国风""环保风""乡土风"和"海派风"。这些风格各具特色，共同构成了一个多元且丰富的教育风貌。这本书也受到了一线班主任的肯定和好评。

此外，工作室还申请了上海学校德育"德尚"系列研究项目"利用教室环境布置开展新时代劳动教育的实践研究"，于2020年成功立项。该课题把劳动教育融入班级环境布置当中，2021年结题并荣获上海市二等奖。

三、让工作室成为辐射引领的磁场

工作室的建设旨在发挥其强大的辐射和引领效应。我们以论文、专著、研讨会、报告会、公开教学、专题讲座、拍摄专题录像等形式向外辐射、示范，引领德育改革。

1. 教学展示，发挥引领功能

工作室的第一期活动主要结合"初中主题班会进行社会主义核心价值观教育的实践研究"这一研究项目，围绕"初中阶段开展社会主义核心价值观主题班会"的系列课程资源，开设主题班会的研讨课，提高主题班会的实效性。工作室还聚焦家校协同，从如何开好高质量家长会、做好高质量家访展开主题论坛和现场会，充分发挥团队辐射和孵化功能。

除此之外，工作室还走进学员学校，指导、观摩学员展示主题班会课，探索运用创编德育情景剧等生动活泼的形式，强化班会课的育人效果，推动了区域内班主任专业能力的整体提升。

"糟老头"变形记

——上海市第三期班主任带头人（洪耀伟）工作室

德育小故事情景剧剧本

展示时间：2017年10月27日下午

展示地点：上海市青浦一中

展示形式：情景剧

展示人员：班主任魏老师，魏芳芳饰；美术老师钱老师，钱坤饰；同学甲——朱同学，朱超饰；同学乙——陈同学，陈伟饰；宣传委员，刘佳饰；班长，罗燕饰；纪律委员，李薇饰

第一幕：课后惊雷矛盾现，班委开会找实情

（办公室）

（铃声响起，美术老师气冲冲地走到班主任面前，摔下美术书。）

钱老师：魏老师，你看看，你们班级怎么有这样的学生！以后我的美术课有我没他，有他我就不去了！岂有此理！

魏老师：呦！罪过罪过，您先消消气，坐下说。又是你！朱同学，怎么回事？让钱老师生那么大气。老师等会儿找你，你先回教室去！钱老师您消消气，怎么回事啊？

钱老师：小魏啊，我今天就是得生气啊。刚开学不久，上美术课，你看看你们班，上课讲话的讲话，开小差的开小差，尤其那个朱同学，上课睡觉，我喊他起来，他还顶撞！你说，这美术课，我还要上吗！

魏老师：钱老师您先消消气，我马上去教室了解一下情况！

（班主任走进教室。）

魏老师：都坐好了！怎么回事？我们班纪律挺好的，今天为什么钱老师生那么大的气？你们都说说看。班长你先说！

魏老师：说呀，怎么没话了？纪律委员，你管纪律，你说说看。你也没话？刘佳，你来说说。

（众生依然沉默。）

魏老师：都不知道？好吧，今天放学后班委都留下开会！气死我了！

（班主任离开。）

朱同学：呦，班委们放学"加班"喽！

纪律委员：都是你害我们留下来！

朱同学：哦哟，搞得你们都好好上课一样。

宣传委员：还不是因为你上课睡觉！

朱同学：哎，这时候全怪我了，早干吗去了你们！

班长：朱同学，你别说了！

朱同学：哼，老子不和你们玩了。陈同学，走了！（朱同学拉着陈同学离开了。）

（放学后）

魏老师：今天我们利用放学时间开个班委会。既然你们是班委，就该负起责任，咱们现在关起门来好好说，今天到底怎么了？

班长：老师，我检讨，作为班长，的确没管理好班级。

纪律委员：老师，我也检讨，作为纪律委员自己上课也开小差。可是"钱老头"他……（班长推了一下纪律委员。）

魏老师：你让她说，大胆说。

纪律委员：老师，那我说了啊。钱老师他邋里邋遢，身上还一股子烟味，大家都不喜欢他。

宣传委员：是啊，他上课总给我们看些无聊的视频……

纪律委员：还是以前的洪老师好，人帅，课上得生动。和洪老师比，钱老师就是一个"糟老头子"……

班长：老师，两个老师风格完全不同，同学们还没适应……

魏老师：哦，这样啊，我想大家对钱老师还不够了解，不如你们回去再和同学们了解一下，然后给我反馈下同学们的意见，下周咱们开个主题班会，一起来说说这个事情。今天就到这儿吧，散会。大家回家注意安全。

第二幕：班会小论"美术课"，舆论引导话"男神"

（教室里）

魏老师：同学们，今天我们来开一节主题班会课。题目就是"美术课的正确打开方式"。前几天有同学说想洪老师了，有这事吗？

纪律委员：是啊是啊，洪老师课上得可好了，生动有趣，引人入胜，我超爱他的。

朱同学：（插嘴）他还是你的"男神"哦！

（全班哈哈大笑。）

魏老师：那同学们是否知道，钱老师是洪老师的师父呢？

朱同学：不会吧，钱老师邋里邋遢的，怎么看都不像洪老师的师父啊。

宣传委员：是啊，他上课好死板，普通话还不标准，有时候还口语、沪语、方言随便转换。

魏老师：走廊上的那幅巨大的油画你们看过吗？

朱同学：我看到过，但真没看懂……

宣传委员：你个粗人，怎么看得懂？

班长：那么大一幅画，得画多久啊？

魏老师：再问问你们，作者是谁？

朱同学：那肯定是找外面的艺术家画的！

纪律委员：一定是洪老师，我们学校只有他能画得出这么好看的画！

朱同学：你就知道洪老师。

班长：总不会是钱老师吧？

魏老师：告诉你们，就是钱老师！

（众生议论纷纷。）

魏老师：再猜猜那幅画能卖多少钱？

朱同学：500？

班长：1000？

宣传委员：10000？

魏老师：谜底是10万！外面有人排着队要买，钱老师都没答应！这是校庆100周年，钱老师专门给学校画的！

（众生吃惊。）

朱同学：陈同学，我爸一个月工资1万，钱老师的这一幅画，我爸得干快1年啊。

魏老师：好了好了……对了，下周学校要搞书法比赛，同学们好好准备一下。下课。

第三幕：班级活动露身手，"男神"魅力初显现

（书法教室）

魏老师：咱们班这次书法比赛，没想到同学们还准备得挺充分啊。不过呢，专业的事情还得找专业的人来点评，我请到了钱老师。下面有请钱老师为我们点评！

（钱老师对每一幅作品都进行详细的点评，并且给出相应的建议。所谓内行看门道，其他同学听得云里雾里，几位"写字高手"却频频点头，收获颇丰。）

魏老师：怎么样？钱老师点评到位吧！哎，既然钱老师来都来了，不如给同学们露一手，怎么样？

众生：好！

（钱老师微笑摇手，但是表现出跃跃欲试的样子。）

朱同学：钱老师来一个，钱老师来一个！

众生：钱老师来一个，钱老师来一个！

钱老师：（大手一挥）好！笔墨伺候！

（铺纸，磨墨，钱老师一气呵成，"海纳百川"跃然于纸上。）

纪律委员：没想到钱老师写得比洪老师还好，从此路转粉，"男神"！

朱同学：对，男神！男神！

（"男神"的欢呼顿时响彻大楼，钱老师咧着嘴笑了……）

第四幕：借"板"发挥找高手，"男神"出山塑精神

（办公室）

魏老师：这次黑板报我们好像垫底，以后怎么办啊？

宣传委员：（愁眉苦脸）老师，我们尽力了，但是其他班无论是创意还是色彩搭配，都比我们好……

魏老师：你们可以请求外援帮助啊。

宣传委员：钱老师？

魏老师：这个主意不错。

宣传委员：他不会同意的吧，我们刚惹他生气过。

魏老师：小姑娘，发挥你的优势，过去撒个娇，多带几个同学过去求求呀！

宣传委员：那我试试看？

魏老师：去，大胆试试。

（众生找到钱老师，软磨硬泡请求钱老师帮忙。）

钱老师：好好好，那去看一看，去看看。让我看看……来，这里这样……这里色调用……好了，大功告成！

纪律委员：哇，"钱哥"一指导，我们班的黑板报立马高大上啊。

宣传委员：是啊是啊，这个月黑板报评选咱们有戏了。

（教室里）

宣传委员：告诉大家一个好消息，这次黑板报，咱们第一名！

（众生鼓掌。）

朱同学：唉，听说隔壁班也想把钱老师请过去当参谋。

纪律委员：他们敢！"钱哥"可是我们的！

……

第五幕：课后深谈论课堂，老头变成真"男神"

魏老师：虽然钱老师已经被同学们接受了，但是根据同学们反馈的意见来看，钱老师的美术课的内容同学们很难提起兴趣。我啊，还得锦上添个花。

魏老师：钱老师，最近美术课班级纪律怎么样啊？

钱老师：你还别说，这段时间好很多。小魏，你管理得不错。

魏老师：听说您前两天还带他们出去写生了？

钱老师：是啊，他们还蛮感兴趣的。

魏老师：我听说学生们想听你讲讲老艺术家的故事。

钱老师：哦？这我倒还不知道啊。他们如果要听，我当然可以讲啊。

魏老师：钱老师，孩子们还托我给你带了件礼物。

钱老师：哦？我看看……一件西服？我明白了，孩子们还是喜欢帅气大方的老师……

魏老师：钱老师，不如您穿上看看？

钱老师：好！

魏老师：这一穿立马不一样了。

第六幕：要做沟通的桥梁，不做一条单行道

魏老师：有时候课堂就像舞台，台下的观众希望欣赏到精彩的表演，而台上的演员也需要懂得欣赏的观众。只有将两者的关系处理好，表演才会精彩。课堂也是如此。

钱老师：当课堂出现纪律问题时，我们不能一味地责怪学生不遵守纪律，也要从各个方面去找找原因。尝试了解学生的需求，同时也要把学生的需求反馈给任课老师，不能一味地要求学生进行改变。班主任是双方沟通的桥梁，只有两头一起抓，双方共同努力才能打造真正的活力课堂。

魏老师：现在我们班级的美术课成了网红课。钱老师说得头头是道，同学们听得津津有味。我们邋里邋遢的钱老师，摇身一变成了真正的"美男神"。

（众演员谢幕。）

（该剧本为工作室学员参加初中上海市第三期班主任工作室联盟展示时创作的情景剧剧本。）

"星耀"团队带你穿越四季花海
——上海市第四期班主任带头人（洪耀伟）工作室
代表初中联盟在结业展示活动上的情景剧剧本

展示时间：2021年6月8日

展示地点：同济大学第二附属中学

展示形式：情景剧

展示人员：洪耀伟、王建民、陈敏、刘小莹、方超、姜南、王飞、朱鋈颖、孙微、吴润娇、郭李骎

陈敏：两年美好的研修时光转瞬即逝。在工作室学习的日子里，我们乘坐着"星耀1008号"列车，一路耕耘，播撒了一颗颗智慧的种子，穿越了属于我们的四季花海。现在，让我们通过时光隧道，回到2018年10月8日。

（视频回顾"星耀"团队两年建设历程，时间2分45秒，之后演示情景剧——《"星耀"团队带你穿越四季花海》。）

陈敏：（模仿高铁提示音）尊敬的旅客，您好，欢迎乘坐"星耀1008号"列车。本次列车列车长洪耀伟，乘务长王建民，乘务员刘小莹、王飞、朱鋈颖、方超、吴润娇、郭李骎、陈敏、孙微、姜南。我们将秉持"跨界学习、研修提升、引领辐射"的宗旨为您提供竭诚的服务！在列车行进过程中，敬请领略沿途的风景。

王建民：伙伴们，大家的工作牌都带好了吗？

众：带了带了。

王建民：大家还记得我们的服务宗旨吗？

众：跨界学习，研修提升，引领辐射！

王建民：对，我们要在列车长洪老师的带领下共进、成长、发光、闪耀，列车启动。（高铁启动音效"呜……"）

第一站：个性研学站

王建民：（模仿高铁提示音）尊敬的各位旅客，前方到站个性研学站。两年来，我们工作室的研学那叫一个有个性，我们支教送教、交流学习，我们去过了很多地方。

刘小莹：这里是嘉定封浜中学站。在这里，我们体验了丰富的传统文化活动，体会了学校独特的匠心育人，我们明白了留住传承就是留住历史。

方超：这里是上海市第二体育运动学校站。他们培养了众多知名运动员，我们与不同领域的班主任进行跨界交流，在德育分享中感受到教育的大爱和情怀。

姜南：这里是上海市青浦区实验中学站。我们聚焦媒介素养，开展家长座谈会，组织学生辩论赛，跨界研讨促成长。

王飞：这里是协和双语站。市区班主任工作室联动推动，启发我们进行更深入的理论学习和研究，真正从德育的角度、学生的需求进行有机渗透。

朱蓥颖：这里是嘉定疁城实验学校站。聆听管坤校长的讲述，我们懂得脚踏实地，唤醒教育的初心。

孙微：这里是人文素养站。我们通过艺术欣赏跨界学习，在《野斑马》的自由奔腾中，在《战上海》的慷慨激昂中，在《天鹅湖》的坚贞不屈中找到了艺术和德育的链接点。

吴润娇：在一系列个性化的研修中，我们踏上了实现自我专业成长的更广阔的平台。

第二站：历练成长站

王建民：（模仿高铁提示音）尊敬的各位旅客，前方到站历练成长站。

1. 云南普洱送教。

王飞：孙微，你还记得我们云南的送教活动吗？

孙微：当然记得了，那一次我们给老师和家长分别作了讲座，给学生开设了班会课，可是我却觉得不是我们给他们带去了什么，而是他们教会我们很多。

王飞：是的，让我感受最深的，是当我们准时走进会场时，大家早已安静地等在那里。后来我才知道，有些居住在偏远山区的老师，他们天不亮就出发了，赶了三个多小时的山路，只为听一场讲座。

孙微：给家长作讲座的那一天，300人的会场鸦雀无声，家长们认真听、认真记，结束时还连连向我们鞠躬表示感谢。他们真诚的目光、认真的态度，让我的心灵受到了洗礼，我重新认识了教书育人的意义。

王飞：是的，时间虽短，安排满满，收获也满满。

孙微：赠人玫瑰，手留余香，我们一路成长！

2. 江西上饶送教。

陈敏：颖颖，看，这不是我们去江西上饶送教的照片吗？

朱鋆颖：是啊，这就是大山深处的新簧学校，低矮的两层楼房，坑坑洼洼的石子路。因为食堂简陋，很多孩子只能在户外用餐。陈敏，你还记得吗？我们去的那天正好是"双十二"，尽管学校经费紧张，但还是拿出了大量的礼品供学生用平日积攒的"心币"兑换，打造出一个幸福超市。孩子们脸上洋溢着灿烂的笑容，我也十分感动。翻山越岭，我看到了什么是教育的坚守。

陈敏：是的，在大山深处教书育人，我觉得老师们需要的不仅仅是带班育人的理念和方法，他们同样需要精神上的鼓舞与慰藉。因此，在送教之余，我还带着老师们进行了一次感恩体验冥想。但是让我万万没有想到的是，很多老师在这个过程中都流泪了。这不禁让我感慨，究竟是什么让他们愿意和孩子们一起留守在大山里？或许是新簧学校饶校长的一句话给出了答案：这一切都是为了孩子翻山越岭。我看到了什么是教育的初心。

刘小莹：回到上海，恰逢疫情，我们只能居家隔离。没关系，我们有辐射全国的网络直播课。小伙伴们在镜头前讲述了教室环境布置的满满干货和带班育人的理念。欲知详情，下站揭晓。

第三站：成果分享站

王建民：（模仿高铁提示音）尊敬的各位旅客，前方到站成果分享站。在这里我们打造出属于我们的最美的教室。

孙薇：我是"环保风"。

朱鋆颖：我是"和雅风"。

方超：我是"乡土风"。

吴润娇：我是"学科风"。

王飞：我是"节日风"。

刘小莹：我是"乐学风"。

姜南：我是"能量风"。

陈敏：我是"动感风"。

郭李骏：我是"海派风"。

王建民：我是"中国风"。中华文化上下五千年，我把中国的传统元素和教室布置、校园活动结合在一起。我要让我们的孩子知道什么叫民族自豪感，什么叫大国自信心，所以在我们的教室里就少不了这一阵"中国风"！

孙微：环境保护是功在当代、利在千秋的事业。如何把环保与班级活动和教室布置相融合，潜移默化地让环保成为一种习惯呢？看我的环保风教室！我利用后黑板绘制了醒目的板报，制作环保小报布置在绿绒板上，动手改造分类垃圾桶，带着小报走进社区进行宣传，把活动的感悟和照片定格在教室中。环保从我们身边做起！

吴润娇：我是一名语文老师，我想将这间教室打造成融入学科真善美的空间。擦亮班级名片，创设一块有温度的25℃布告栏，给予学生各学科创作表达的小天地；漂流书屋，突破传统的阅读空间，丰富学生的阅读体验。这间学科风教室正是我实现学科德育的有效尝试。

方超：我们培养孩子爱祖国，先要从爱家乡开始。在孩子探究家乡过程中，我把金山特色乡土人情和班级环境布置有机地融合起来，打造出一个富有金山韵味的育人环境，让乡土文化走进教室，激发孩子爱家乡的情怀。

朱鎏颖：我将校园的"和雅"文化融入教室布置中，根据不同年段学生的特点需求，精心设计，合理规划。他们会为我制造班主任节的惊喜，也会为转学同学创造感动的瞬间、美好的回忆。历时四年，教室洋溢着和衷共济、雅趣盎然的气息。和而不同，雅而有致，环境育人，润泽心灵。

孙薇、陈敏：最美的教室，洋溢着生命活力。

王飞、朱鎏颖：最美的教室，散发着人文关怀。

方超、姜南：最美的教室，充满着浓浓书香。

刘小莹、吴润娇：最美的教室，是师生心灵沟通的桥梁。

王建民、郭李骏：最美的教室，是学生张扬个性的舞台。

众：看！终点站最美的教室到了。（集体抬手邀向大屏幕）

王建民：各位领导，各位同仁，想和我们一起到达这最美的终点站吗？经过我们"星耀"团队的共同努力，我们的项目成果《打造最美的教室——教室环境布置创意设计与典型案例》也由华东师范大学出版社出版了，感兴趣的领导和老师们可以通过钉钉、微信、支付宝扫一扫。希望大家抽空阅读，多提意见，帮助我们继续成长！

陈敏：这两年，我们一路耕耘播撒，穿越四季花海，收获了丰富的成果。感谢市教委、市学生德育发展中心、初中联盟为我们搭建的学习与成长的平台，感谢各位领导、专家的指导和关心。

王建民：两年来，为了共同的目标，我们凝心聚力，努力研修，抱团成长。哎，不对啊，抱团抱团，咱们的列车长洪耀伟老师呢？快快快，让我们用热烈的掌声有请"星耀1008号"列车的列车长洪耀伟老师！

洪耀伟：大家好！此时此刻千言万语汇成一个词，那就是"感恩"。感恩各级部门领导、初中联盟一直以来的指导引领，感谢伙伴们一直以来的一路同行。两年11人，700多个日夜，我们一起走过，不说再见，因为我们是一家人，相亲相爱的一家人。今天，我们聚是一把火，明天，我们散是满天星。因为不论走到哪里，我们永远都是一家人。

团队成员情景剧表演现场

（音乐起，众人合唱歌曲《相亲相爱一家人》。）

因为我们是一家人，相亲相爱的一家人。

有缘才能相聚，有心才会珍惜，何必让满天乌云遮住眼睛。

因为我们是一家人，相亲相爱的一家人。

有福就该同享，有难必然同当，用相知相守换地久天长。

……

陈敏：（模仿高铁提示音）尊敬的乘客您好，您所乘坐的"星耀1008号"列车已经到达终点站，感谢您一路对我们工作的支持与配合。请您整理好所携带的回忆，继续踏上2021年的完美旅程……

2. 访学交流，汲取鲜活经验

工作室围绕培养目标，走进基层学校，组织开展"聚焦新时代德育新问题"的走访交流、互动研讨活动。除了走访学员所在学校，工作室还走进名校，包括外省市的特色学校。比如，2019年8月，工作室学员来到北大附属嘉兴实验学校进行德育互访交流。在访学交流过程中，我们汲取对方德育改革与创新的鲜活经验，形成了校、区、市三级联动机制。这样的访学交流活动，助力彼此成长，增进教育智慧。

工作室还与一线班主任多次进行交流研讨，并且与来自外省市的同行们进行了交流互访。比如，2013年3月，我们和来自河南的教育代表团开展了沪豫两地名师工作室建设交流研讨活动；2014年11月，浙江台州的近80位骨干班主任与我们进行了互访交流；2016年10月和2017年5月，我们分别和北京门头沟区骨干班主任、苏州吴中区教育联盟进行了论坛交流……以上互访活动均取得了良好的效果。工作室的工作机制及培训模式也受到了专家、领导和同行们的肯定。

3. 送教上门，助推专业成长

工作室学员先后走进上海师范大学等高校，以德育讲坛的方式与即将毕业初为人师的大学生们分享经验，将自己的带班经验悉数相授，为他们走上三尺讲台打下基础。

工作室还整合学员和导师的优势，充分发挥团队的专业特长，通过论坛、讲座、评析等形式，与外省市相关单位开展"联动"活动，如短期支教、送教等活动。我们先后走进云南普洱、江西上饶等地区分享我们的工作室建设、主题活动策划、主题班会设计、家庭教育指导、教师心理支持等方面的经验。工作室学员也与当地班主任和德育工作者紧密合作，针对教育难点和热点问题进行深入交流与研讨，有效地促进了当地班主任的专业成长和发展。

工作室学员与外省市的同行们交流、研讨

4. 课程开发，创新交流方式

工作室团队还通过开发课程进行教学特色和研究成果的展示推广，扩大工作室示范辐射效应。我们积极改变常规模式，进行方式创新，如利用信息技术及网络整合展开线上分享，惠及更多的教育同行。2021年是非常特殊的一年，新冠疫情肆虐，但工作室的辐射引领工作并没有因此而懈怠，团队成员灵活运用网络资源，在云端开展了一系列卓有成效的辐射引领活动。受中国教育行政学院邀请，团队成员结合前期的项目研究，以"打造富有韵味的教室"为主题，先后开发了八节公益直播课程，面向全国直播，跨时三个月，效果良好。

一系列的辐射引领活动为学员们提供了广阔的展示与交流平台，拓宽了视野，开阔了胸怀，增长了见识。学员们在各种场合积极分享自己的见解，思维水平得到发展之余，自身的指导能力也获得极大的提高。这些活动不仅促进了学员个人的成长，也生动地展现了团队的风采和凝聚力。

近十年来，我们不断创新研修方式，从主持人到学员都获得了长足的进步，迈上了班主任专业成长的更高台阶。在学习与实践中，团队成员的班主任专业精神、专业知识和专业技能得以不断提升，并在区域发挥着辐射引领作用。工作室有多位老师获评区、市级优秀班主任，多位老师在区、市及长三角地区中小学班主任基本功大赛中斩获佳绩。这些成绩的取得，都激励着我们再接再厉，勇往直前。

从2013年到2021年，我连续担任了三期上海市班主任带头人工作室主持人。2021年6月，我被上海市教委德育处、学生德育发展中心聘为上海市第五期初中班主任带头人工作室导师，担任上海市浦东新区临港实验中学董雪梅老师工作室的带教导师，指导他们开展团队建设和学习研修。下面的案例便是我指导他们在上海市第五期班主任带头人初中工作室联盟终期展示中的主题沙龙策划。

上海市第五期班主任带头人（董雪梅）工作室 终期展示案例主题沙龙

展示主题：研学实践双重奏，知行合一育新秀
展示形式：主题沙龙
展示时间：2023年10月31日
展示地点：上海市黄浦区教育学院附属中山学校
展示人员：董雪梅、于杰、张永霞、唐莺、王博
沙龙主持：洪耀伟

一、引子

（PPT出示研修项目：研学实践双重奏，知行合一育新秀；出示参加主

题沙龙活动的老师照片。）

董雪梅：各位领导、专家，各位老师，大家好！今天，我们在这儿举行主题沙龙活动，结合"研学实践课程"这一主题，和老师们进行交流研讨。我们有幸邀请到工作室导师洪耀伟老师担任这次沙龙的主持人。参与活动的是我们工作室的于杰、张永霞、唐莺、王博等几位老师。让我们用热烈的掌声欢迎他们！

二、主题导入

（PPT 出示：研学旅行活动的相关照片）

董雪梅：2021 年，工作室团队来到福建周宁，开展"融入自然，启迪心灵"研学旅行活动。一路上，学生们的欢声笑语不断。到了景区，学生们用眼睛观察、用耳朵倾听、用脚步丈量、用心灵感应，深深陶醉在自然美景和当地文化中。有学生说："我还没离开周宁，就向往着下一次再来，因为我太喜欢这里的自然山水和人文底蕴了。"丁丁妈妈也说："研学让孩子的小宇宙爆发了。"这次研学旅行活动，不仅让学生有了明显的成长变化，我们的老师对研学旅行活动也有了更深入的理解和思考。这真是一次和孩子们共同学习、一起成长的研学之旅！

三、互动环节

洪耀伟：大家好！通过董老师刚才简单的介绍，我们了解到研学实践课程的开发和实施是他们工作室团队的研修特色。教育部等 11 部门发布的《关于推进中小学生研学旅行的意见》指出：研学旅行是由教育部门和学校有计划地组织安排，通过集体旅行、集中食宿方式开展的研究性学习和旅行体验相结合的校外教育活动。研学实践已经成为我们新时代实施德育的一个重要途径和创新形式，这也是我们班主任比较关心的问题。今天，借助这个机会，我想针对这一主题和大家一起展开交流。

洪耀伟：首先，我最关心的是，研学实践课程的总目标是什么？为什么要开发研学实践课程？董老师你是主持人，这个问题你来回答可以吗？

（PPT 出示：研学实践课程的目标和意义）

董雪梅：好的。研学实践课程是以培育核心素养为目标，以主题式、项目化学习为载体，以校内外资源整合为保障，以学生、教师、家长的深度参与为基础，使学生获得"多元发展，幸福成长"的真切体验，由此创生研究性学习和社会实践相结合的学习新样态和育人新格局。

首先，研学旅行丰富了学习方式。学生选择感兴趣的主题和内容，注重对生活的感受体验，强调合作交流和实践探究，使以往局限于课堂的学习方式发生了根本性改变。

其次，研学旅行促进了主体发展。学生成为活动的主体，站在活动的中央。通过主题式、项目化、跨学科等学习方式，促进书本知识和生活经验的深度融合。

最后，研学旅行塑造了完善人格。学生走出校门，游览自然风光，瞻仰革命圣地，考察社会民情，激发对祖国的热爱，用心体悟人与人、人与自然、人与社会的关系。

洪耀伟：谢谢董老师。我觉得我们可以用一句话来总结，那就是：研学实践课程可以让学生学到课本上学不到的东西。知道了开发研学实践课程的目标和意义，我们还想了解研学实践课程的内容有哪些。能不能请哪位老师结合具体案例来谈一谈？

（PPT 出示：研学实践课程的内容）

唐莺：好的，我来说。我们工作室确定了"爱国主义教育""文化探寻传承""自然生态保护"三方面的课程内容。以福建周宁研学旅行为例，我们将三类课程融合在社会实践中。

首先，我们一起来看这张"人鱼同乐"图（略）。福建周宁浦源村中的溪水深及膝部，清可见底，溪中七八千尾彩色斑斓的大鲤鱼，"闻人声而至，见人形而聚"，故而得名"鲤鱼溪"。周宁鲤鱼溪的"鱼冢""鱼葬""鱼祭文"获得大世界基尼斯纪录"三个世界唯一"和"世界年代最久远的鲤鱼溪"称号。"鲤鱼溪"的文化探寻活动，让人真切地感受到人与自然的和谐和自我心灵的净化。

然后我们来到了桃花溪爱国主义教育基地。这里是闽东重要革命根据地之一，瞻仰烈士的墓碑，聆听先烈的革命故事，学生们真切地感受桃花溪的仁人志士为了革命事业抛头颅、洒热血的可歌可泣场面。

福建周宁山清水秀，我们露营在仙凤山上，清晨起来看云海日出，不由得赞叹大自然的神奇与秀丽。一路上，学生们领略着奇山异水，怪石林立，自觉增强了保护自然生态的意识。

研学旅行活动，让学生深度接触自然和社会，使学习内容更具有综合性，更贴近生活实际。在"行走的课堂"中，促进学生的全面发展和个性发展。

洪耀伟：谢谢唐老师！大家讲得都非常好，我想老师们最关注的还是具体该怎么做。我们的研学实践课程有哪些具体路径和方法？我也想请老师们交流一下。

（PPT出示：研学实践课程的设计与实施）

张永霞：洪老师，我来和大家说一说研学实践课程的设计与实施。研学实践课程的设计与实施，需要我们整合利用社会资源，精心设计活动方案，融通多方面教育元素，通过跨学科学习、项目化驱动和自主性建构来完成研学任务，提升学生综合素养，提高假期生活质量。

于杰：张老师能不能给我们举一个具体的例子？

张永霞：好的，我以"边城寻美之旅"为例进行说明。

1. 方案设计。

我们从"整本书阅读"开始，用文字、绘画、书法等方式，描绘"心目中的边城"。在凤凰古城，寻访沈从文故居，了解他的生活环境、生平事迹和创作成就。在吉首大学，参观沈从文纪念馆，参加"从文主题沙龙活动"。在边城小镇茶峒，实地探访翠翠和爷爷居住的小屋，将书本中的人物形象、头脑中的故事情节与具体的生活环境做了链接，使作品中的抽象之美变得更加立体、生动、鲜活。

2. 过程实施。

研学前：参与方案讨论，组织岗位分工，进行活动预设。

研学时：保障活动安全，确保活动有序，提高研学质量。

研学后：进行成果汇总，反思活动成效，重建研学旅行。

（PPT出示：研学实践课程的评价与反思）

王博：刚刚张老师所说的研学实践课程的方案设计，其实是我们研学活动能够顺利开展的前提和基础。在实施过程中，我们认为评价也是不容忽视的。我们通过多元评价来提高研学旅行课程的质量。例如，刚刚张老师所言的"边城寻美之旅"，我们就是希望能够通过多主体的评价方式来提升研学实践课程的质量。那么在评价内容方面，我们主要涉及主体参与的程度、互动合作的情况，以及我们提升了孩子们的哪些能力、哪些素质等。我们希望通过孩子们撰写的活动报告，通过美篇、微信推送等方式来积累研学过程中的过程性资料和结果性资料。

针对评价的方式，我们将过程性评价和结果性评价相结合，就是希望通过评价来帮助孩子们将课本上学习到的知识灵活地迁移，运用到真正的生活与实践当中。在培养孩子们爱国主义情怀的同时，也能够提升他们的核心素养，增强孩子们的文化底蕴。

洪耀伟：谢谢两位老师的精彩分享。研学实践课程从一开始的开发到组织实施，是一个繁琐的工程，也一定会遇到不少问题。那么，我想知道你们在研学实践过程当中，碰到哪些典型的问题了？

董雪梅：我在组织研学的过程中发现，学生对爱国主义教育这方面在思想上的重视程度还不够，所以有的时候学习会呈现出漫不经心的状态，或者说由于认知水平有限，参观场馆总是走马观花，导致学习浮于表面。

王博：在研学实践活动中，我发现还存在出行、食品、财物、用电等方面的"安全隐患"。

张永霞：在研学实践过程中，我发现有浪费食物、水资源的现象。

唐莺：我遇到的问题是，在研学实践中，缺少了父母的监管，很多孩子会打着研学的幌子过度使用手机和电子产品。

洪耀伟：经过大家的交流，我们发现在研学实践中的问题主要聚焦于研学浮于表面、安全教育、惜物教育以及电子产品的使用等，那么大家又是如何各个击破解决这些问题的呢？

（PPT出示：董雪梅"研学旅行活动中的爱国主义教育"）

董雪梅：在研学旅行活动中，我们以观察者的身份，调研存在的问题，提出相应的策略。具体策略是：

研学前：以认知为基础，激发爱国热情。比如，对爱国教育基地进行图文资料搜集；通过查找资料，了解革命人物的先进事迹。

研学时：以活动为载体，培养爱国情感，具体活动如下。

仪式教育：我们在周宁二中，和当地师生一起升国旗唱国歌，牢记爱国使命。

活动教育：我们在凌福顺纪念馆，探寻革命烈士的红色足迹，传承红色基因。

体验教育：我们来到叶飞故居，看到简陋的生活和办公场所，师生亲身感受，点燃爱国敬业的火苗。

研学后：以反思的方式，内化爱国品质。比如，抒写活动感受，制作美篇作品。在传递信息的同时，增强爱国情感。

（PPT出示：王博"研学旅行活动中安全教育反思与策略优化"）

王博：在研学旅行活动中，还存在出行、食品、财物、用电等方面的安全隐患。对于这个现象，通过同学之间互相提醒，从而增强自我保护意识，实现安全教育全员化。

在具体的行动落实中，我们是这样做的：

研学前：周密规划，做好培训工作，要有安全预案。

研学时：各司其职，强化安全教育，及时安全引导。

研学后：交流总结，重视安全教育，强化安全教育。

（PPT出示：张永霞"研学旅行活动中惜物教育探究"）

张永霞：在研学旅行活动中，针对浪费食物、水资源等现象，要对学生进行惜物教育。

针对这个现象，我们提出以下策略：

研学前：以认知为基础，增强惜物意识。通过"节俭倡议书"，引导学生正确看待个人与资源之间的关系。

研学时：以活动为载体，培养惜物习惯。倡导"光盘行动"和"空瓶行动"，开展"惜物标兵"评选等活动。

研学后：以反思为途径，内化惜物品质。通过交流心得，促成自觉意识，将勤俭节约内化为终身受用的美德。

（PPT出示：唐莺"研学旅行活动中合理使用手机的教育探究"）

唐莺：下面，我来谈一谈研学实践活动中如何引导学生合理使用电子产品。

研学前：撰写合理使用手机倡议书，树立正确使用手机的意识。

研学时：创设合理使用手机的情境，让学生积极参与其中。比如，在大巴车上，进行"知识抢答"。手机既是抢答器，也是资料库，可以单人参与，也可以多人合作，知识涉及研学目的地的风景特色、历史人文等，真正做到寓教于乐。到达研学目的地，鼓励学生抓拍当地最美的风景，拍摄最打动人心的小视频，以任务驱动的方式，让手机为研学旅行活动服务。

研学后：养成合理使用手机的习惯，让学生在日常学习生活中学会自律自控。

我们工作室通过把问题变成课题，把任务变成项目，以此促进研学效果的提升。（PPT出示：把问题变成课题，把任务变成项目）

洪耀伟：谢谢几位老师的精彩解答，针对问题我们有举措、有策略。我们这个团队两年来做得非常细、非常实。通过两年的项目研修，我们在研学实践课程的开发和实施过程中一定也取得了不少成绩。于老师作为工作室的班长，能不能给老师们分享一下我们这个团队两年来所取得的成绩？

（PPT出示：项目研修的成果成效）

于杰：好的，洪老师。两年来，我们聚焦"研学实践双重奏，知行合一育新秀"的研修项目，把"理论研修"和"行动研究"融合起来，把"研学旅行"和"研学支教"结合起来，以此促进班主任的专业化发展。工作室共获得荣誉和成果 68 项，发表论文 17 篇，区级及以上交流 24 人次，微信推送 46 次，点击量 14343 次。科研成果汇编成《"杏坛逐梦，聚力启航"——研学实践项目成果集》，共收录案例论文 42 篇，共 16.4 万字。

四、活动小结

洪耀伟：看到这些成绩，我很感动，太不容易了，为董老师的团队点赞！我知道这些成绩的背后是大家辛勤的付出和汗水。在论坛接近尾声时，我想起了我国著名教育家陶行知先生说过的一句话：生活即教育，社会即学校。我想我们的研学实践课程的意义大抵就在此。希望我们在以后的教育教学中利用好更多的资源，开发出更多、更好的课程，在实践中总结，在学习中创新，从而更好地为学生的成长服务！

在最后，我提议让我们把掌声送给我们这个团队，也感谢大家，谢谢！

2023 年 9 月，我担任上海市闵行区浦锦街道学区化名师工作室主持人，2024 年 10 月，我又有幸入选第五期"上海市普教系统名校长名师培养工程""高峰计划"，组建了新的研修团队。从带班级到带团队，我在感到忙碌、辛苦的同时，也倍感充实和快乐。在导师、专家的指导和引领下，在工作室全体成员的共同努力下，工作室团队的活动才能顺利开展。

这些经历让我深刻领悟了一句话：一个人走得快，一群人才能走得远。打造高质量学习共同体，需要在实践中学习，在研究中反思，不忘初心、砥砺前行。加强学习共同体建设，才能在班主任专业化发展之路上走得更加坚实。面对未来，我会再接再厉，力争在更大的平台上，更好地发挥引领辐射作用，助力全市德育研修团队发展壮大。

回望自己从初涉教坛的懵懂青涩，到 2024 年步入天命之年，一路走来，酸甜苦辣，几多感慨。26 年的从教历程让我认识到：班主任实现从入门到进阶的蜕变，除了需要时间的累积，还必须开展多维度的学习实践。

首先，做班主任要深耕一线，扎根班级，了解学生的成长特点，解决学生的实际需求。有人问我，做好班主任的诀窍到底是什么？我想，做班主任一定离不开方法和智慧,但比这更重要的是四个字——用心用情。只有用心用情,才能走进学生的心灵世界,采取个性化的教育策略,帮助他们克服困难,实现自我超越。

其次,做班主任不仅要脚踏实地,还要仰望星空。我常常鼓励年轻的班主任要"逼自己走出去",勇敢地跨出舒适区,积极拓展视野,不断更新理念,拥抱变化成长。走到不同层次的平台去,接触更多教育领域的专家学者和同行伙伴,才能学习到更多的带班育人智慧和方法,并以这些学习成果为滋养,不断丰实自己的教育理念与带班方略。

最后,做班主任要有归零意识,在实践中持续学习。随着"立德树人是教育的根本任务"这一共识深入人心,各级部门给班主任搭建了众多成长平台,各级各类班主任基本功大赛也应运而生,这是班主任成长与发展的广阔空间。从参加首届长三角大赛到全国中小学班主任基本功展示交流活动,我对班主任工作有了全新的认识。这些大赛让我转变了观念,逐渐认识到践行正确儿童观和德育观的重要性,树立起了班主任专业化发展的意识。面对日新月异的教育环境和学生群体,只有树立终身学习的意识,在实践中不断成长,才能在班主任专业化发展方面走得更加长远和坚实。

教育的每一天都是新的。新时代对班主任也提出了新的要求。我们只有不断学习,与时俱进,提升育德素养,修炼关键能力,拓展德育的深度与广度,提灯引路,育梦成光,才能拥抱未来,成为一名具有教育家精神的班主任,更好地为学生的成长保驾护航。

附

知幸能奋勇,画笔永流传

——上海市第四期班主任带头人(洪耀伟)工作室
开班仪式学员代表发言稿

各位领导,各位来宾,各位热爱班主任工作的小伙伴们:

下午好!我是上海市闵行第三中学的朱超,也是上一期工作室的班长。很荣幸今天能代表上一期工作室学员发言。我还清楚地记得上一期开班仪式上，老学员们戏称自己是"旧爱"，我们是"新欢"，希望洪老师不要有了"新欢"就忘记"旧爱"。那时我"too young too simple"（太年轻，太天真），心里憋着一股劲，誓要超过"旧爱们"，让洪老师乐不思"旧"。没想到一转眼，我们也成"旧爱"了。内心十分复杂，借此机会，先向自己的师弟师妹们表示祝贺，同时仗着自己是"旧爱"，大言不惭地对你们说一句："一定要珍惜这个宝贵的机会。"

大话我讲不来，我就分享三个故事。

第一个故事讲我自己。我是费了好大劲才入选洪老师工作室的，差点整一出"三生三世"。2012年认识洪老师，那时要开区公开课，洪老师是我的导师。第一次磨课在浦江一中，洪老师亲自下楼迎接我。我当时心里还持怀疑态度：这个老师说话那么温柔，还是美术老师，行不行啊？结果洪老师当天就用他的实力征服了我，从此他多了一个特大号的"粉丝"。

2014年，知道洪老师工作室要招学员，我赶紧去报名，面试答辩时自我感觉良好，结果被无情刷掉。但我也不灰心，想着还年轻嘛，有的是机会，于是便努力提升自身各项能力——区骨干班主任培训、基本功大赛、论文案例评比等，每个学习机会我都不放过，怒刷各种存在感。就这样，我苦等了两年，终于又迎来新一期招募。我屁颠屁颠地去报名了。这次是情景题面试，我信心十足，引经据典，讲得天花乱坠。终于，我被录取了。但后来才知道，本来我还是要被刷掉的，是洪老师顶着压力，据理力争才把我留下来的，否则我可能就和"新欢们"是一届了。所以进洪老师工作室真的很难，从千军万马中杀出来的"新欢们"一定要珍惜这次宝贵的机会。

第二个故事讲工作室的伙伴们。我认为男人是容易膨胀的生物（洪老师除外）。刚进工作室那会儿，我恨不得在脸上贴几个字："洪耀伟工作室学员，快夸我！"结果第一次拓展活动我就被教训了，教训我的不是别人，正是我的小伙伴们。

那天我们坐大巴去拓展地，下车后需要各工作室成员互相认识。第一个作自我介绍的是工作室的葛慧老师。葛老师说话那叫一个温柔，像一个新老师，可内容一点儿也不温柔，毕竟葛老师已经是区级班主任工作室的主持人，也拿了很多奖。我的那点东西在她面前压根不值一提。听着伙伴们的一个个自我介绍，我冷汗直流，感觉他们都好厉害，心想自己唯一能拿得出手的估计就剩年纪小这点了。没想到，就连这一点也被碾压了：顾颉老师的年龄比我小，奖项比我牛，文采比我棒，长得还比我漂亮。我感觉无地自容，也彻底明白了"天外有天，人外有人""一山还比一山高"的真正含义。

洪老师工作室有个优良传统，即谁的潜力最大，就推选谁做班长，所以我就这样成了班长。其实工作室就像一个大家庭，在之后学习生活中，我们互相帮助，互相鼓励，互相学习。是他们让我知道什么是谦虚，什么是乐观，什么是坚强。工作室能提供很多学习的机会，但更重要的是一群志同道合的朋友陪着你一起成长，为同一个目标努力。这种日子是很美妙的。所以也希望新一期的学员们能珍惜这个宝贵的机会，珍惜身边的伙伴们。

第三个故事讲工作室的主持人，也就是洪老师。洪老师的称呼有很多，如"师父""主持人""朋友"等，但我最喜欢的是"教主"。洪老师不喜欢这个称呼，说整得他好像是搞传销一样。其实"教主"在我们心中是"先锋者""引领者"的意思。作为主持人，他除了做好本应该做的事情，还关心每个学员的情况，为每个学员创造机会，鼓励每一位学员超越自己。洪老师有一特点——"撩人"特厉害。有一次工作室要作演讲汇报。他在群里说大家积极报名。随后私底下给我发了一条消息："朱超，这次机会难得，工作室里我看下来就你有这个能力，你要挑起这个重担。"被他这么一"怂恿"，我就冷静不下来了，废寝忘食地准备，想着一定要一鸣惊人，不负重托。结果那天大家都积极发言，一个比一个精彩。中午休息的时候，魏芳芳老师说："你们不知道我压力多大，洪老师给我发消息说'这次展示很重要，我比较看好你，你一定要好好准备'。"然后大家哈哈笑，纷纷拿出手机，原来每个人都收到洪老师的一条私信，内容还不重复，都是量身定制的。洪老师就是这么神奇，总能想出法子让我们嗷嗷叫地往前冲，其实最后的受益者还是我们。感谢我们有一个这么会"撩人"的主持人。除了会"撩"，他还会"冲"。他常常以身作则，作出表率，承担最艰巨的任务，作好每一个规划，让学员们得到更好的成长。在他身上我学到最多的就是"责任"，而在他的带领下，我们提升自我，攻克难关，飞速成长。工作室前期，他经常对我们说："别怕，有我在，勇敢上！"而到了后期我们经常对他说："别怕，有我们在，放心看！"工作室结业那天，我们都劝他不要再担任主持人了，又累又烦，性价比还不高，血压常常被我们整得直往上蹿。可他依然担任主持人，为了什么？就是想培养更多好苗子，把优秀的班主任推上更高的层面。所以这样一个有颜值、有实力，还疼自己学员的主持人真的不多，请大家一定要好好珍惜。

好了，借用洪老师的一句话："我的时间不多了！"故事就讲到这里。真要讲起来，三天三夜也说不完。我们那一期开班仪式上我作为班长，代表学员们发言，题目是"用我手中画笔，描绘绚烂天空"。今天我们将画笔交给你们，希望你们在洪老师的带领下，用手中画笔将班主任这片天空描绘得更加美丽、更加绚烂，也为自己的班主任之路画上浓墨重彩的一笔。

谢谢！

上海市闵行第三中学　朱超

2019年4月9日

任重而道远，士当永向前
——上海市第四期班主任带头人（洪耀伟）工作室
开班仪式学员代表发言稿

尊敬的各位领导、专家、小伙伴们：

下午好！我是嘉定区疁城实验学校的王建民。首先感谢大家给我这次发言的机会，让我作为"新欢"的代表，郑重地表达对为期两年工作室学习机会的珍视和期待。

刚才听了第三期朱超师哥的分享，说起来我要比他幸运，同是特大号"粉丝"，从久闻洪老师大名到下定决心必入"洪门"，再到接到录取通知，一路顺利得让我窃喜了好一阵子。因为大家都知道，洪老师工作室的门槛是最高的，洪老师带的"兵"个个都是最强悍的。深入了解后才知道什么叫啪啪打脸，我这点小荣誉根本羞于见光。放眼望去，工作室里卧虎藏龙，有市优秀班主任，有区园丁奖、区十佳、区示范教师，还有中小幼通吃的全能选手……于是，我这个"菜鸟"就扎扎实实地继承了洪老师工作室的优良传统——最有潜力的学员担任本期工作室的班长。

惭愧之余我告诉自己，差异就是资源，差距更是动力，世界这么大，我终于可以出来看一看了。从华师大市级骨干班主任通识培训到工作室的考察学习，每次充实的活动都让我充满期待，收获无限。在洪老师的带领下，在专家们的引领下，这群实力强悍、志同道合的兄弟姐妹们碰撞出无数智慧的火花，正在努力结出学习的果实。

接下来我想说说我们的"大当家"洪老师。师哥说得特到位，洪老师有颜值、有实力，是个会说还很会"撩"的"高能前辈"，更是平易近人、细致体贴的"男神"。有一天下午到洪老师学校参加活动，路远，我怕堵车、怕迟到，午饭没吃就出来了，结果提前一个多小时就到了浦汀一中。洪老师知道后二话没说就领着我直奔食堂。看着眼前丰盛的饭菜，我一个大老爷们被感动得稀里哗啦（心里）。之后更是一次又一次地感受到洪老师的人格魅力。大家都说，跟着这样的主持人真是既幸运又幸福。

最后我想说，新征程上，我们追随洪老师的时间还有很多，所以今天，我在这里代表全体第四期12位学员郑重表态：我们定将在导师、专家的指导引领下，不负上期帅哥、师姐们的嘱托，珍惜宝贵的学习机会，努力抱团成长。我们会认真参加工作室的每一次活动，掌握和树立先进的德育理念，拓宽新形势下的德育视野，提升班主任带班育人的能力和素养，在德育工作中更好地发挥辐射引领作用，更好地为学生的成长服务，争做班主任队伍排头兵。我相信，两年的时光定能让我们也像前两期的师哥师姐们一样，从现在的一只"菜鸟"长成未来的雄鹰飞上蓝天，展翅翱翔！

谢谢大家！

嘉定区疁城实验学校　王建民
2019 年 4 月 9 日

启智润心：做经师和人师的统一者
——上海市闵行区第五届教育学术节班主任队伍建设专场人物对话环节构思

活动时间：2023 年 11 月 16 日

活动地点：上海交通大学附属闵行马桥实验学校

对话人员：洪耀伟、孙丽凤

主持人：闵行区浦江一中洪耀伟老师在首届长三角地区中小学班主任基本功大赛中折桂后成为上海市班主任带头人，获评全国优秀教师等 20 余项荣誉称号。前年他又参加全国中小学班主任基本功展示交流活动，也取得优异的成绩。然而，面对各项荣誉，他却这样说：我们要具有归零意识。上海市实验学校西校孙丽凤老师在第六届长三角地区中小学班主任基本功大赛中获得双一等奖。她从区班主任带头人成长为上海市班主任带头人。她说，自己还在不断学习的过程中，"仰之弥高，钻之弥坚"，有"学然后知不足"的感触。下面有请洪耀伟、孙丽凤，我们一起对话人物。

孙丽凤：洪老师，这张照片您还记得吗？去年 9 月 9 日，章校长在微信上给我发了一照片，说："洪老师在区教育大会上发言，你要多向洪老师学习。"每次听洪老师娓娓道来他和学生的故事，我总是深深折服于洪老师的教育情怀和智慧。今天无比荣幸，能够有机会与洪老师面对面，向洪老师学习。

在区教育大会上发言

板块一：班主任的应为

孙丽凤：洪老师，您是首届长三角地区中小学班主任基本功大赛初中组一等奖的获得者。从 2012 年至今，十余年时光在指尖转瞬即逝。而您，一直坚守在班主任岗位上。能否谈谈您对班主任工作的认识及体会？

洪耀伟：谢谢孙老师。我一开始当班主任，更多的是侧重在"管"上，觉得学生要守纪律、听话，班级要太平，但越往后就会越觉得我们带班要有灵魂，要引导孩子们树立正确的价值观，打造班级文化，这时班主任的工作就要遵循"术"、讲究"道"。语文是一门专业，数学是一门专业，我们要认识到，班主任也是一门专业。刚开始做班主任，我们可能更多的是拼体力，拼怎么做。而成熟的班主任拼的不仅是做，更多的是做中思，思中做！总之，做班主任要树立专业化发展的意识。

孙丽凤：洪老师，您担任 20 余年班主任，从长三角地区中小学班主任基本功大赛到全国中小学班主任基本功展示交流活动，从德育特级到德育正高级教师，您可以说是班主任专业发展的"大满贯"得主。那么，除了"道""术"之理，班主任的专业提升还需要哪些素养呢？

洪耀伟：关于班主任专业提升，我想谈几个意识：首先，是要树立与时俱进、终身学习的意识。我们面对的是一个新的时代，学生所处的生长环境也在不断发展变化，我们要跟上脚步，才能顺应时代。记得几年前我带毕业班，那时候有个歌手的歌特别火，班里的学生都为之疯狂，但他唱的歌我一句都听不懂，学生说我"out（落后）"了。我回家后便上网查，了解这个歌手的原生家庭、成长经历，还有给他写歌的作词者的信息等。我发现这些歌的歌词、曲调都特别美。慢慢地，我也喜欢上了他的歌。所以，与时俱进，不断学习，班主任才能走近学生。

其次，是树立实践总结、反思归零的意识。拿参加班主任基本功大赛来说，我们都参加过，应该能感同身受。我很感谢市、区搭建平台，让我得到历练。这个过程是痛苦的，但也是充实的。参赛后，你会觉得又学习了很多、成长了很多，学习中成长，实践中总结，反思中创新，永不满足，归零再出发！

班主任要走专业发展的每一步，只有树立这几个意识，才能为班主任专业化发展奠基！

孙丽凤：班主任是学生成长的重要他人，以空杯的心态深入研究班主任的工作规律，掌握育人的基本道术，树立终身学习的意识是新时代班主任的应为。

板块二：班主任的作为

扎根于班级之中，带活班级，凝练做法

洪耀伟：孙老师同样也很优秀。孙老师是第五期上海市班主任带头人，她工作室的研究项目和课题研究都是围绕劳动教育展开的。前不久在市里的初中联盟的展示中，您所带工作室关于劳动教育的展示就非常出彩，也很有特色。这也给我们带来了新的思考，那就是班主任如何才能做得出色、做出特色？什么是特色？我想就像陈镇虎老师讲的：人无我有，人有我优，人优我特。我觉得这一点孙老师做到了！

孙丽凤：谢谢洪老师的鼓励。我也读过您编著的《理想的教室——教室环境布置和空间设计利用》和《打造最美的教室——教室环境布置创意设计与典型案例》。温馨的班级生活场域，能够让学生在如丛林般的自然生态中得到思维的飞跃和在集体的自由维度中得到精神的托举。

洪耀伟：这是我们团队的共同成果。这里孙老师其实提到了科研能力，这也是我们班主任的关键能力。记得有人说过：一个教师写一辈子教案不一定能成为名师，但是写三年教学反思就有可能成为名师。这就说明了研究的重要性、科研的重要性。发现真问题，走进教室、走近学生，开展深入细致的真研究，扎根于班级之中，在平凡朴实的工作中不断提炼带班育人的智慧，是非常重要的。

投身于队伍之中，打磨专业，引领辐射

孙丽凤：洪老师，我现在是第五期上海市班主任带头人，您是第二、三、四期的上海市班主任带头人。我想向您请教，如何才能更好地引领、辐射？

洪耀伟：从校工作室，到三期市工作室、劳模创新工作室，再到浦锦街道

学区化名师工作室，我觉得主持人先要厘清角色。主持人既是组织者、引领者，同时也是参与者。不管在哪个平台，都要不断打磨专业，带领学员打造学习共同体，出经验、出成果，然后再通过不同的形式在区、市乃至全国作好引领、辐射，这是我们的责任。

孙丽凤：我将以您为榜样，努力带出队伍、带出人才、带出机制，继续耕种于闵行区班主任专业成长的培养高地。

将爱撒在心田，守护成长，照亮未来

洪耀伟：孙老师客气。您知道吗？刚才我们交流的那些，其实都比不上我今年收到的一份礼物。

孙丽凤：哦？是什么礼物？

洪耀伟：今年教师节，我收到了20多年前教过的一个学生写的一封信。因为今年我正好也教到了她的孩子，她便托孩子带来了一封信。除了信，还带了她保存了20多年的一张美术比赛的获奖证书复印件。读了这封信我很感动，我没想到这么多年过去了，学生还记得那些小事。可能那个证书在我们老师看来根本不算什么，但对学生来说，可能是她生命中的一件特别有意义的事。这件事或许给了她动力，或许给了她信心，给了她快乐。这也许就是教育的力量，也是教师的职业幸福感所在。另外，我在想，20多年前我教的妈妈，20多年后我又教她孩子，哪些教育中的共性是我应该保持的？哪些又是我应该去改进的、创新的？我再拿当年的教育方法教育她的孩子行得通吗？这是我从这封信中想到的。

孙丽凤：昨天的方式不能代替当下的教育，过去的经验不能验证当下的成功。德育之所以难，是因为它需要我们紧跟时代的节奏，拥有灵敏的教育嗅觉，善用当下的方式教育现在的孩子。这是我们新时代班主任该有的作为，即努力成为照亮学生成长的那束光，成为学生前行路上的那盏明灯。

洪耀伟：是的，我认为德育是一种传递，是一种真善美的传递，同时又需要不断地思考和变革。不管是我们和学生教学相长，抑或是带领团队，抱团取暖，共同成长，都需要树立与时俱进、终身学习的意识，实践总结、反思归零的意识。这样我们才能成为光、聚集光、散发光！

板块三：班主任的敢为

洪耀伟：在最后，我想说带班育人、立德树人永远在路上！我们班主任只有不断提升自我，修己达人，躬耕教坛，才能做到经师和人师的统一，真正践行和弘扬教育家精神，更好地为学生的成长服务！谢谢大家，谢谢！

孙丽凤：洪老师，回到学校后我可以向章校长报告，今天我向洪老师学到了很多。谢谢您，谢谢大家！

参考文献

[1]洪耀伟.理想的教室——教室环境布置和空间设计利用[M].上海：华东师范大学出版社，2017.

[2]洪耀伟.打造最美的教室——教室环境布置创意设计与典型案例[M].上海：华东师范大学出版社，2020.

[3]黄正平.主题班会[M].南京：南京师范大学出版社，2022.

[4]齐学红.走向专业：中小学班主任基本功展示内容解析[J].班主任，2023（2）.

[5]本刊编辑部，龚杰克，赵福江.以班主任基本功为载体，全面提升中小学班主任专业素养——中国教育学会班主任专业委员会2022年学术年会综述[J].班主任，2023（2）.

[6]洪耀伟.相约最美教室——教室布置，让学生在创美中成长[J].班主任之友（中学版），2020（9）.